PANHOLZER

STEIN · NAVIGATION LEICHT GEMACHT

WALTER STEIN

Navigation leicht gemacht

Eine Einführung in die Küstennavigation
für Sportsegler,
Küstenschiffahrt und Fischerei

DELIUS, KLASING VERLAG

ISBN 3-87412-064-3

19. Auflage

Einband: Siegfried Berning
Druck: Kunst- und Werbedruck, Bad Oeynhausen

Inhaltsverzeichnis

Vorwort 9

I. Die nautische Ausrüstung des Schiffes 11

1. Der Kompaß 11
Die Rosenteilung 23

2. Das Log 24
Handlog 25
Relingslog 26
Patentlog 28
Moderne Fahrtmesser für Yachten 31
Umdrehungszahlen 31

3. Das Lot 32
Hand-, Mittel- und Tieflot 32
Thomson-Lot 34
Echolot 34

4. Winkelmeßinstrumente 34

5. Die Seekarte 37
Einrichtung der Seekarte 40
Inhalt der Seekarte 45
Berichtigung 57

6. Seebücher 58
Leuchtfeuerverzeichnisse 58
Seehandbücher 59
Gezeitentafeln 59

7. Zeichenmaterial 59

II. Seezeichen und Landmarken 61

1. Tagzeichen 61
Schwimmende Seezeichen 62
Feste Seezeichen 65
Beispiele von Betonnungen 66
Verkehrstrennungsgebiete 71

2. Nachtzeichen 72
Leuchtfeuer 72
Tragweite und Sichtweite 72
Kennungen 74
Feuer in der Karte 76
Was beim Ausmachen von Feuern zu beachten ist 77
Beispiele von Befeuerungen 77

III. Wie bringe ich mein Schiff zum Ziel? 85

1. Die Bestimmung des Kurses 85
Breite und Länge 85
Die Nordrichtungen 86
Kursverwandlungen 92
Beschickung wegen Wind- und Stromversetzung 100

2. Das Arbeiten in der Seekarte 104
Die Grundaufgaben 105
Besteckversetzung 113

3. Bestimmung des Schiffsortes
In Sicht der Küste 114
Peilen 114
Abstand bestimmen 119
Loten 121
Standlinien 123
Horizontalwinkel messen 124
Ortsbestimmung durch Standlinien 125
Kreuzpeilung 126
Doppelpeilung 128
Vierstrichpeilung 132
Peilung und Abstand 134
Peilung und Lotung 134
Peilung und Horizontalwinkel 135
Doppelwinkelmessung 136
Standlinien als Gefahrenlinien 136
Bestimmung des Schiffsortes, wenn die Küste
nicht in Sicht ist 137

4. Standlinien durch Consol 139

5. Standlinien durch Funkpeilung 141

6. Berücksichtigung von Strom 148
1. Stromaufgabe 150
2. Stromaufgabe 151

7. Überwachung der Navigationsgeräte 152
Kontrolle des Kompasses 153
Aufstellung und Prüfung des Kompasses 155

8. Wichtige Grundsätze der Navigation 159

IV. Berücksichtigung von Wind und Wetter 161
Das Thermometer 161
Das Barometer 161
Der Wind 163
Sturmwarndienst 164
Wetterberichte und Wetterkarten 165
Wetterregeln 169

V. Von den Gezeiten 171
Lotungsbeschickung 179
Gezeitenströme 182
Gezeitenanzeiger 183

VI. Anhang 184
Wie erwerbe ich die Führerscheine BR für Revierfahrt und BK für Küstenfahrt des Deutschen Segler-Verbandes? 184
Wie mache ich die Sportseeschiffer-Prüfung? 185
Wie mache ich die Küstenschiffer-Prüfung? 186
Was kann ein Seeschiffer auf Küstenfahrt mit seinem Befähigungszeugnis A Kü anfangen? 188
Was kann ein Seeschiffer der Küstenfischerei mit seinem Befähigungszeugnis B Kü anfangen? 188
Wie erwerbe ich den amtlichen Sportbootführerschein? 188
Lösungen der Übungsaufgaben 190
Alphabetisches Sachverzeichnis 192
Steuertafel und Funkbeschickungstafel 198
Ausschnitt aus der Seekarte D.50[D] Deutsche Bucht für Übungsaufgaben

Vorwort

Wer schon einmal Küstenschiffer, Fischer und auch Sportschiffer auf die Küstenschiffer- bzw. Sportseeschifferprüfung vorbereitet hat, weiß, wie schwer es Menschen der Praxis meist fällt, sich neben dem Beruf die theoretischen Kenntnisse zu erarbeiten, die in diesen Prüfungen verlangt werden. Vor allem fehlt ihnen dabei ein Buch mit geeigneten Übungsbeispielen, das eigens für sie gedacht ist und das ihnen in geeigneter Form den erforderlichen Stoff vermittelt.
Und das ist der Zweck dieser Einführung in die Küstennavigation.
Gewiß, mühelos macht dieses Buch die Arbeit nicht, und die Teilnahme an einem Ausbildungslehrgang soll es nicht ersparen. Aber es wird, schon während der praktischen Fahrzeit langsam durchgearbeitet, dazu beitragen, im Lehrgang zur sicheren Beherrschung des Stoffes zu gelangen.
Doch selbst dem Küstenfahrer, der die Prüfung bereits bestanden hat, wird das Buch noch etwas nützen, und sei es zum Nachschlagen. Seinetwegen geht es an manchen Stellen denn auch über das unbedingt Notwendige hinaus. Ein ausführliches Sachverzeichnis am Ende des Buches erleichtert das Suchen nach einem bestimmten Begriff.
Für jene, die sich der Ausbildung von Küstenschiffern, Fischern und Sportseglern widmen, soll das Buch ein Berater sein. Wer darüber hinaus Auskunft braucht, der wende sich an eine Seefahrtschule.

Walter Stein

I. Die nautische Ausrüstung des Schiffes

1. Der Kompaß

Lange schon fahren wir zur See und haben tüchtige Kenntnisse und Fähigkeiten erworben. Wozu noch dieses Buch lesen und durcharbeiten? Es gilt, unsere Kenntnisse in der Navigation zu ordnen und zu ergänzen. Vielleicht führen wir sogar einen Lehrgang in unserem Club oder an einer Schule oder unter einem bewährten Kapitän durch? Vielleicht wollen wir diesen Lehrgang durch eine staatliche Prüfung an einer nautischen Fachhochschule abschließen?
Im Anhang dieses Buches sind die Bestimmungen abgedruckt, die für diese Prüfungen gelten. Aber einerlei, ob Prüfung oder nicht: Die Zusammenstellung der Prüfungsgegenstände zeigt uns, was alles der Führer einer Yacht, eines Küstenmotorschiffes oder eines Fischkutters beherrschen muß. Nutzen wir den langen Winter, es zu erlernen!
Wir beschäftigen uns zunächst mit der Navigation und wollen lernen, wie wir unser Schiff sicher ans Ziel bringen, wie wir dafür Kurs und Distanz zu diesem Ziel vorher bestimmen, unseren Schiffsort ermitteln und die Geräte

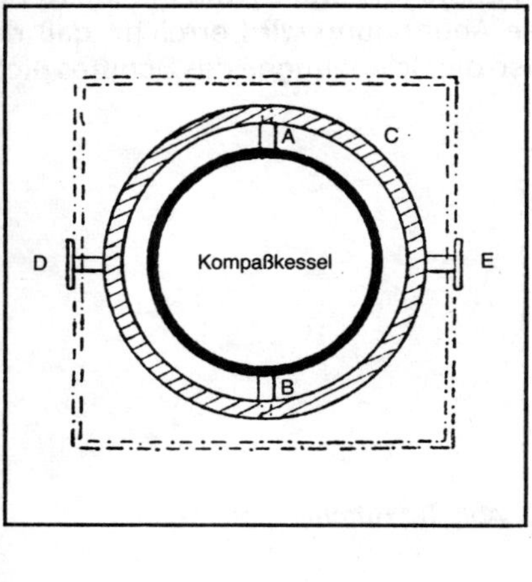

Abb. 1 Kardanische Aufhängung

und Hilfsmittel, die uns für diese Aufgaben zur Verfügung stehen, benut zen, pflegen und überwachen, um mit ihnen so sicher wie nur möglich a unser Ziel zu gelangen.

Welche Geräte sind denn überhaupt an Bord, beziehungsweise welch müssen wir mitnehmen?

Erforderlich sind ein Kompaß, ein Log, ein Lot, Seekarten und allerhan Bücher.

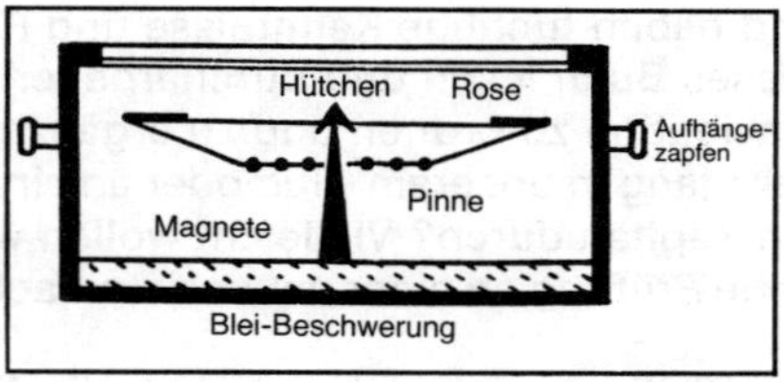

Abb. 2 Trockenkompaß im Querschnit

Vor allem ein *Kompaß,* nach dem wir alle schon gesteuert haben. Seher wir uns diesen Kompaß einmal näher an. In allen Fällen – es gibt sehr ver schiedene Kompasse – finden wir einen *Kompaßkessel,* der durch einer Glasdeckel abgeschlossen ist. Er ist unten beschwert und hängt, wie de Fachmann das nennt, *kardanisch:* Zwei Zapfen, welche einander gena gegenüber am Kessel angebracht sind, drehen sich in zwei Lagern (A un B in Abb. 1), die in einem Metallring (C) angebracht sind. Dieser Metallrin dreht sich wiederum selbst um zwei Zapfen (D und E), die in Lagern de Kompaßstandes liegen. Durch diese Anbringung wird erreicht, daß de Kompaßkessel waagerecht hängt, also die Bewegungen des Schiffes nich mitmacht.

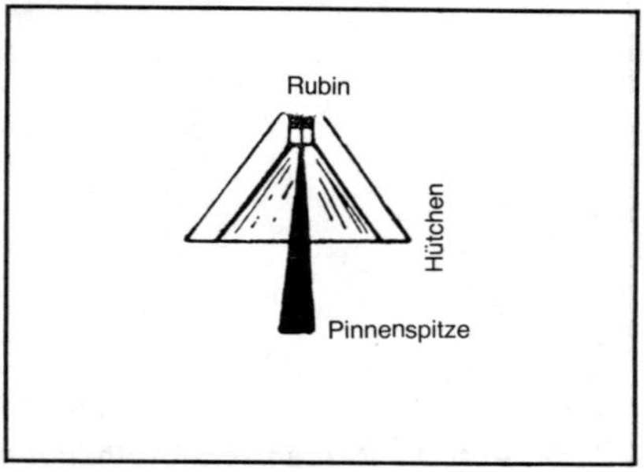

Abb. 3 Hütchen und Pinne

In dem Kompaßkessel befindet sich die *Kompaßrose,* die um ihren Mittelpunkt drehbar ist. Wenn wir einen *Trockenkompaß,* dessen Glasdeckel abnehmbar ist, öffnen, sehen wir in der Mitte des Kessels einen Stift, die *Pinne,* die in eine feine Spitze ausläuft (Abb. 2). Diese ist aus gehärtetem Stahl hergestellt. Auf der Spitze der Pinne liegt die Rose mit dem *Hütchen* auf, dessen Form uns Abb. 3 zeigt. In der Mitte lagert ein harter Halbedelstein, Saphir oder Rubin, in dessen glatter Höhlung die Pinnenspitze kaum Reibung findet und sich daher wenig abnutzt.
Nehmen wir die Rose, vorsichtig am Hütchen anfassend, hoch, so sehen wir, daß von einem dünnen Leichtmetallring zur Mitte hin Fäden ausgehen. Am Rand trägt ein Leinen- oder Papierstreifenring die Rosenteilung.
An den Fäden hängen sechs oder acht Eisenstäbe, die untereinander parallel angebracht sind. Das sind die *Magnete.*

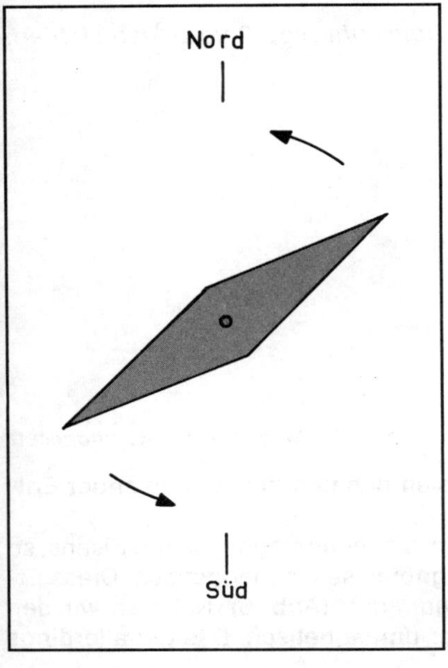

Abb. 4
Die frei bewegliche Magnetnadel stellt sich in Richtung Nord ein

Über den Magnetismus müssen wir folgendes wissen: Wirksam sind die Enden des Magneten, die wir *Pole* nennen. Zur Mitte hin nehmen die magnetischen Eigenschaften ab. Hängen wir einen Magneten in der Form eines Stabes, einen Magnetstab, waagerecht drehbar auf, so bleibt er nicht in jeder Lage, die wir ihm geben, stehen, sondern er dreht sich in Richtung Nord. Er ist ein Richtungsweiser. Wir können ihn auch drehbar auf einer Spitze balancieren lassen. Dann spricht man von einer Magnet*nadel* (Abb. 4). Die Kompaßrose, die auf der Pinne ruht, ist eine solche Magnetnadel, die sogar aus mehreren Magnetstäben besteht. Den Pol, der nach Norden zeigt, wenn die Magnetnadel gut drehbar angebracht ist, nennt man *Nordpol* der Nadel. Dieses Ende wird üblicherweise rot angestrichen, daher bezeichnen wir diesen Pol als *roten* Pol. Das andere Ende ist der *blaue Pol.* Nähern wir dem roten Pol der Magnetnadel, etwa dem Nordende der Rose, den roten Pol eines anderen Magneten, so stoßen sich die beiden Pole ab. Nähern wir einen blauen, so ziehen sie sich an (Abb. 5). Es gilt also das Grundgesetz:

Gleichfarbige Pole stoßen sich ab, ungleichfarbige Pole ziehen sich an.

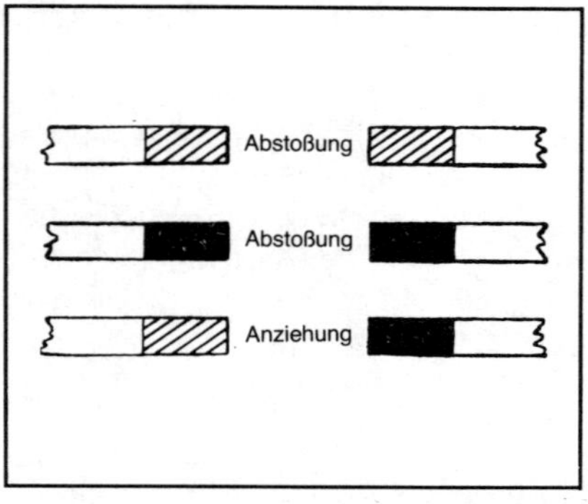

Abb. 5 Magnetisches Grundgesetz

Diese Kräfte zwischen den beiden Polen nehmen mit zunehmender Entfernung rasch ab.
Nähert man einem Magnetpol ein Stück bisher unmagnetischen Eisens, so wird es durch die Einwirkung des Magneten selbst magnetisch. Diese Erscheinung nennt die Wissenschaft *Induktion* (Abb. 6). Nehmen wir den Magneten weg, wird das Eisen wieder unmagnetisch. Das gilt allerdings

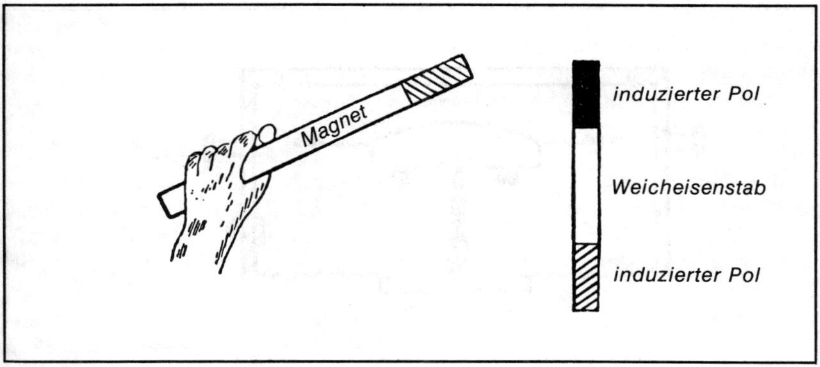

Abb. 6 Magnetische Induktion

nur für „weiches" Eisen. Stahl verliert den Magnetismus, den er aufgenommen hat, nicht so leicht.
Ein roter Pol erzeugt in dem unmagnetischen Eisen auf der ihm zugewandten Seite blauen, auf der abgewandten Seite roten Magnetismus. Da sich dann ungleichfarbige Pole gegenüberliegen, ziehen sie sich an: Ein bisher unmagnetisches Stück Eisen wird von einem Magneten stets angezogen.
Daß die Kompaßrose sich in die Nord-Richtung einstellt, können wir uns so erklären, daß die Erde ein großer Magnet ist. Da dessen Pole von uns meistens sehr weit entfernt sind, ist also die Anziehungskraft, die die Kompaßnadel in die Richtung Nord zwingt, sehr schwach. Die Rose muß sich also sehr leicht drehen, darf keine Reibung haben. Daher das geringe Gewicht der Rose und die raffinierte Lagerung Hütchen – Pinne.
Es ist naheliegend, daß Kompaßnadel, Aufhängung und Kompaßhaus vollkommen eisenfrei sein müssen.
Im Innern des Kessels sehen wir – einander gegenüberliegend – die zwei Steuerstriche, an denen wir beobachten, wie sich die Rose gegen den Kessel bewegt.
Den Kessel eines *Flüssigkeits*kompasses können wir nicht öffnen. Er ist mit einem Gemisch von Wasser und Alkohol gefüllt. An sich würde Wasser genügen, aber das gefriert bei 0 °C.
Die Rose schwimmt in dieser Flüssigkeit; man spricht daher auch von *Schwimmkompassen* (Abb. 7).

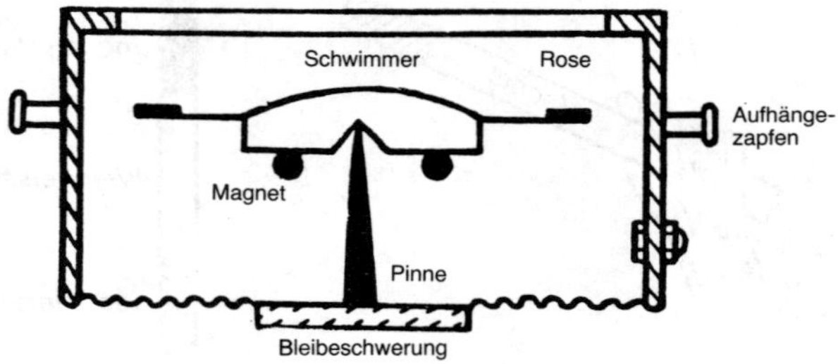

Abb. 7 Schwimmkompaß

Auch hier befindet sich in der Mitte des Kessels eine Pinne, und die Rose liegt mit einem Hütchen auf. Die Rose ist jedoch viel schwerer; sie trägt zwar nur zwei, dafür aber dicke Magnetstäbe oder einen Ringmagneten und ist selbst aus Metall gefertigt. Die Flüssigkeit hemmt ihre Bewegungen, doch das ist beabsichtigt: Wir können in der Praxis keine Rose brauchen, die durch die Bewegungen des Schiffes im Seegang allzu unruhig wird. Das hat freilich zur Folge, daß die Magnete stärker sein müssen.
Damit der Druck dieser schweren Rose auf die Pinne nicht zu stark wird (Reibung, Abnutzung), ist eine Schwimmdose angebracht; sie ist mit Luft gefüllt und gibt der Rose einen so starken Auftrieb, daß sie mit demselben Druck auf der Pinne aufliegt wie die Rose des Trockenkompasses. Da sich eine Flüssigkeit bei zunehmender Temperatur ausdehnt, müßte der Kompaßkessel platzen, wenn nicht besondere Einrichtungen dies verhinderten. Der Boden des Kessels wird deshalb aus federndem Wellblech gefertigt.
Gerade auf Motorschiffen sind die durch den Motor hervorgerufenen Erschütterungen recht stark. Da wir den Aufbau des Kompasses kennen, verstehen wir die Gefahren, die ihm dadurch drohen: Unruhe in der Einstellung sowie starke Abnutzung, also Stumpfwerden der Pinne, Beschädigung des Edelsteinlagers im Hütchen und als Folge davon Unempfindlichkeit und schlechtes Einstellen des Kompasses.

Abb. 8 a Yachtkompaß Merkur von Plath mit horizontaler Rose

Abb. 8 b Der Yachtkompaß T 50 kann bis zu 70° geneigt und daher ohne Kardanringe fest eingebaut werden

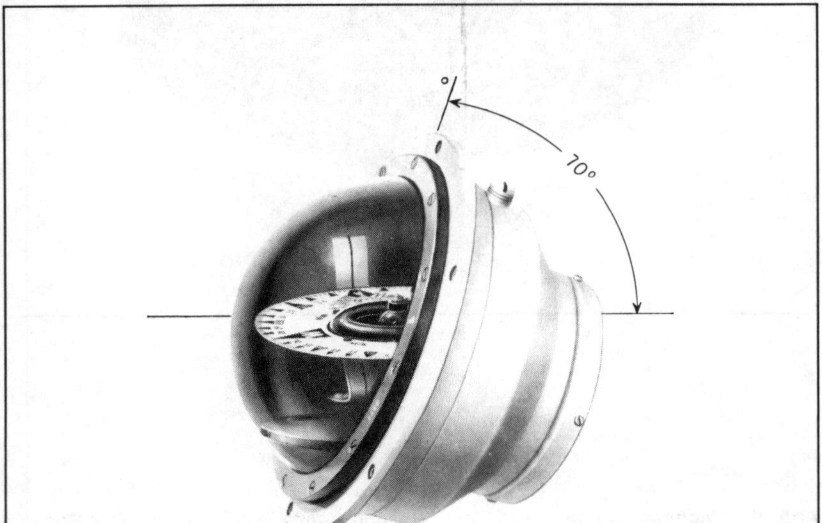

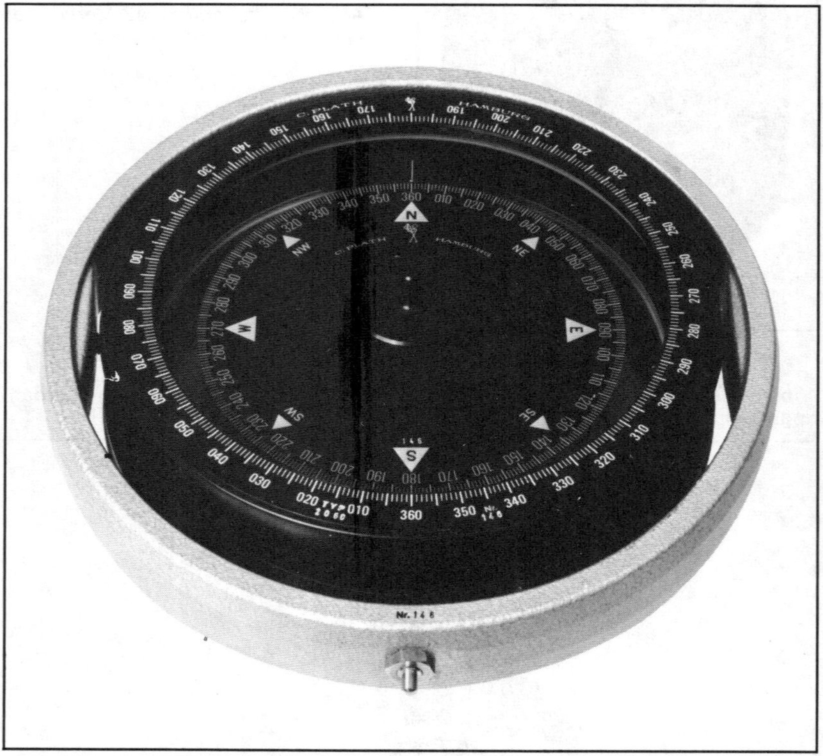

Abb. 9 Flachglaskompaß von Plath, Rosendurchmesser 180 mm. Die Rose ist doppelseitig bedruckt und kann auch von unten abgelesen werden, wenn der Kompaß in die Decke eingebaut wird. Der Kompaßdeckel trägt am Rande eine Gradteilung für Seitenpeilungen. Es kann ein Peilaufsatz aufgesetzt werden

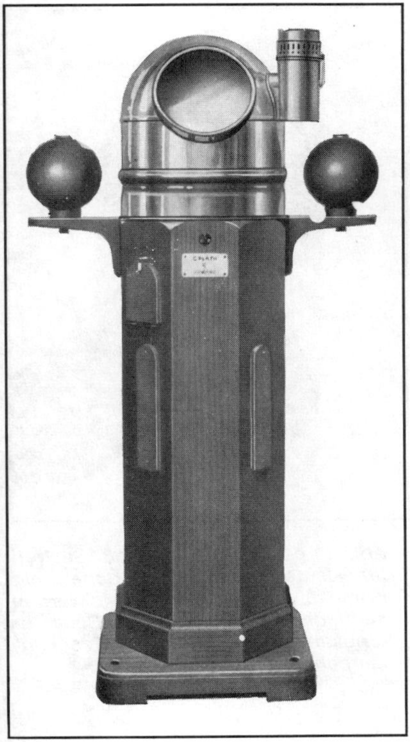

Abb. 10 Kompaßhaus von Plath. Ausführung in Teakholz. Abnehmbare Haube mit Beleuchtung (Petroleumlampe). Die Kugeln zu beiden Seiten des Kompasses (D-Korrektoren) dienen zur Kompensation des flüchtigen Magnetismus in den horizontalen Eisenmassen des Schiffes. Die Fassungen zur Anbringung der Kompensationsmagnete liegen im Inneren des Kompaßstandes

Abb. 11a Handpeilkompaß Sestrel Junior

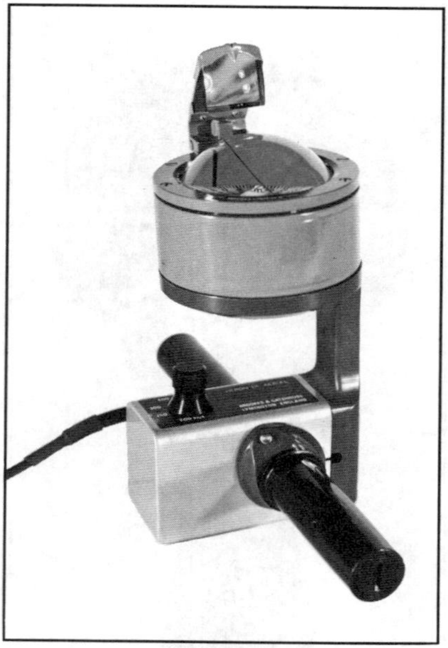

Abb. 11b Heron-Handfunkpeiler von Brookes & Gathouse mit Sestrel-Kompaß

Abb. 11 c Handpeilkompaß (Sestrel) für kleine Yachten, auf denen ein Kompaß nicht so aufgestellt werden kann, daß man peilen kann. Beleuchtungsanlage im Handgriff (Taschenlampenbatterie)

Diese Erschütterungen werden von den modernen Kompassen ferngehalten, indem man entweder den gesamten Kompaßkessel federnd aufhängt oder die Pinne selbst gegen horizontale und vertikale Stöße abfedert. Abb. 8 zeigt einen besonders für Yachten und kleine Fahrzeuge konstruierten Kompaß, den Kugelkompaß. Er ist so gebaut, daß auf eine kardanische Aufhängung verzichtet werden kann; er wird im Cockpit montiert und ist sogar betretbar. Ein transparentes Bodenglas ermöglicht eine Beleuchtung von unten.

Abb. 11 d Unterbringung des Handpeilkompasses in einem Teakholzkasten. Die durchsichtige Scheibe im Deckel gestattet Ablesung

Zwei Zwecken soll der Kompaß an Bord dienen:

- zur Kursbestimmung,
- zum Peilen.

Wir unterscheiden daher den *Steuerkompaß* und den *Peilkompaß*. An Bord größerer Schiffe ist der Steuerkompaß auf der Brücke angeordnet; er eignet sich nicht zum Peilen, weil er vollständig eingebaut ist. Der Peilkompaß befindet sich an einer Stelle des Schiffes, von der möglichst freie Sicht nach allen Seiten besteht (Peildeck).
Die Unfallverhütungsvorschriften der See-Berufsgenossenschaft sagen auch etwas über die geeignete Aufstellung des Kompasses aus.
Die Kompaßaufstellung auf kleineren Fahrzeugen, vor allem Yachten, bereitet wegen der ungünstigen Raumverhältnisse indessen Schwierigkeiten. Doch darauf kommen wir später noch zurück (Seite 155).
Für unsere Zwecke kommt nur ein Schwimmkompaß in Frage, da seine Rose ruhiger liegt und nicht so leicht in Schwingungen gerät.

Ein freistehender Kompaß wird in einem *Kompaßhaus,* auch Nachthaus genannt, untergebracht (Abb. 10). Eine *Kompaßhaube* aus Messing mit Glasfenster schützt den Kompaß gegen Witterungseinflüsse. Die Haube ist mit einer Beleuchtungseinrichtung versehen.

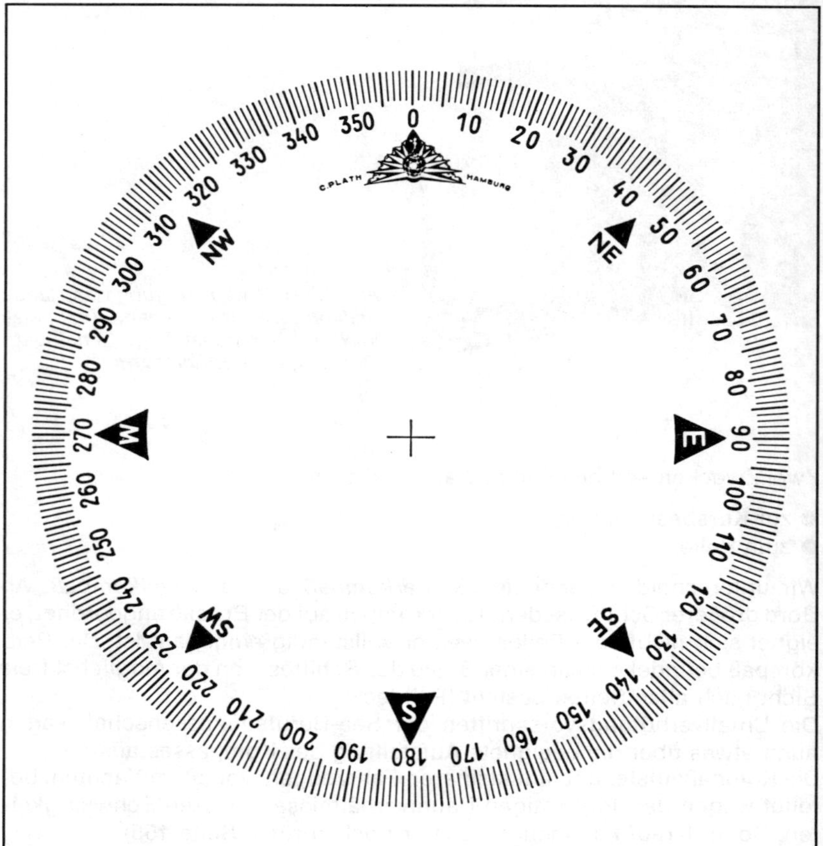

Abb. 12 Die Vollkreis-Einheitsrose

Die Rosenteilung

Ehe wir zu den anderen Hilfsmitteln der Schiffsführung übergehen, wollen wir die Einteilung auf der Rose näher betrachten. Die heute gebräuchliche Rose sieht so aus (Abb. 12):
Der Kreis ist in 360 gleiche Teile, die *Grade,* eingeteilt. Sie sind von Nord, dem Ausgangspunkt der Teilung, dem Nullpunkt, aus im Uhrzeigersinn von 0 bis 360° durchnumeriert. Die Nord gegenüberliegende Richtung Süd ist also 180°, Ost 90° und West 270°. Damit die Teilung nicht zu eintönig aussieht und dadurch ermüdend wirkt, sind die Marken meist von 30 zu 30° stark ausgezeichnet, dazwischen wieder die Zehner herausgehoben, die Fünfer usw.
Für Yachten, Rettungsboote, überhaupt Kleinfahrzeuge wurden Rosen entwickelt, die nur von 5 zu 5° geteilt sind. Auch für diese Teilung ist eine größere Übersichtlichkeit anzustreben, damit sie nicht ermüdend wirkt.
Von den älteren Rosenteilungen, die in der modernen Navigation nicht mehr benutzt werden, sei nur die *viertelkreisige Gradteilung* erwähnt. Bei dieser Teilung wird die Rose zwar in Grade eingeteilt, aber von Nord und Süd aus nach beiden Seiten bis 90° (Abb. 13).

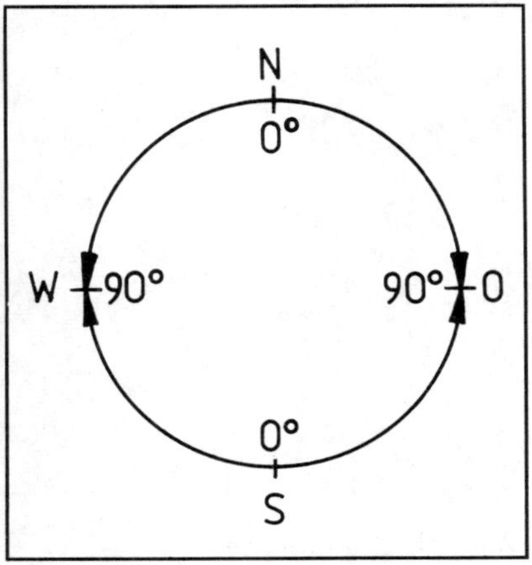

Abb. 13 Viertelkreisige Teilung

Wo bei der *Vollkreisteilung*, wie die Einheitsteilung im Gegensatz dazu heißt, 30° steht, muß man bei der viertelkreisigen Teilung nähere Angaben machen, denn die Zahl 30 gibt es viermal: zwischen N und O, O und S, S und W, W und N. 30° entspricht N30°O. So entsprechen weiter:

S30°O = 150°
S30°W = 210°
N30°W = 330°

Bei dieser Teilung laufen die Zahlen manchmal im Uhrzeigersinn, nämlich von Nord nach Ost und von Süd nach West, manchmal *entgegen* dem Uhrzeigersinn: von Süd nach Ost und von Nord nach West.

2. Das Log

Während uns der Kompaß Richtungen liefert, nämlich Kurse und Peilungen, wollen wir mit den Loggeeinrichtungen die Fahrt des Schiffes und die zurückgelegten Entfernungen messen.
Die *Entfernung* oder *Distanz* zwischen zwei Orten der Erde mißt der Seemann nicht in Kilometern, sondern in Seemeilen (abgekürzt sm).
Eine Seemeile ist 1852 m lang.
Dieses Maß hängt mit der Erdkugel zusammen (Abb. 14).

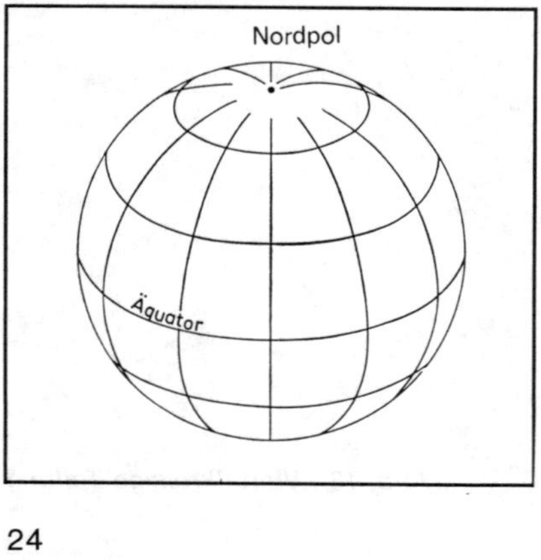

Abb. 14 Die Erdkugel

Teilen wir den Umfang der Erdkugel, etwa einen Kreis durch Nord- und Südpol, einen Meridian, wie jeden Kreis in 360 Grade, jeden dieser Grade noch einmal in 60 gleiche Teile, die sogenannten Bogenminuten, dann ist die Länge einer solchen Bogenminute auf dem Meridian eine Seemeile. Diese Meridian-Bogenminute ist 1852 m lang, denn der Umfang der Erde beträgt 40 000 000 m; ein Grad, der 360. Teil davon, ist 40 000 000 : 360 = 111 111 m und der 60. Teil eines Grades, die Bogenminute, 111 111 : 60 = 1852 m lang.
Den zehnten Teil einer Seemeile nennt man *Kabellänge.* Eine Kabellänge ist also gleich 185,2 m.
Ein weiteres Längenmaß, das freilich nur noch selten benutzt wird, ist der 1000. Teil einer Seemeile, ein *Faden.* Dieser wird in *6 Fuß* eingeteilt, jeder Fuß ist gleich *12 Zoll.* Daraus folgt:

1 Zoll	=	2,5	Zentimeter
1 Fuß	=	30	Zentimeter
1 Faden	=	1,85	Meter

Legt ein Schiff in einer Stunde 1 Seemeile zurück, so beträgt seine *Fahrt* (Geschwindigkeit) *1 Knoten.*
Zu sagen, ein Schiff läuft 10 Meilen, ist genaugenommen falsch. Es muß heißen: Das Schiff läuft 10 Seemeilen *in der Stunde* oder aber 10 Knoten (abgekürzt kn).
Das Messen der Fahrt des Schiffes nennt man *loggen,* die Vorrichtung dazu *Log* (auch Logge). Wir messen dabei nur die Fahrt, welche das Schiff mit Segel oder Maschine als *Eigenfahrt* im Wasser macht, die sogenannte *Fahrt durchs Wasser.* Fährt das Schiff in einem Gewässer, das selbst in Bewegung ist, in dem Strom setzt, so unterliegt es der Wirkung dieses Stromes, der die Fahrt hemmen oder steigern kann. Diese Fahrt des Schiffes *über Grund* kann man nur dann ermitteln, wenn geeignete feste Punkte, also Landmarken an der Küste, zu sehen sind.
Über die Strom-Navigation sprechen wir später (Seite 148).

Handlog

Die älteste, heute nicht mehr gebräuchliche Loggeeinrichtung ist das Handlog (Abb. 15). Es besteht aus einer *Loggeleine,* die auf einer *Rolle* aufgerollt wird, und dem *Loggescheit.*

Das Loggescheit dient als feste Marke im Wasser. Da es fast gar nicht austaucht, kann der Wind es nicht vertreiben. Es wird auch nicht nennenswert mitgeschleppt, wenn man dafür sorgt, daß die Loggerolle reibungslos abläuft. Die Länge der auslaufenden Leine gibt die Fahrt des Schiffes an. Würde das Schiff in einer Stunde eine Seemeile zurücklegen, so würde es in einer Minute 1852 : 60, also 30,87 m, in einer Sekunde 30,87 : 60, also 0,514 m, rund einen halben Meter, zurücklegen. Es würden also in einer Sekunde 0,5 m der Loggeleine auslaufen. Bei größerer Geschwindigkeit entsprechend mehr: bei 5 kn Fahrt 5 x 0,5 m, bei 8 kn Fahrt 8 x 0,5 m.
Da *eine* Sekunde schwer genau abzustoppen ist, führte man längere Meßzeiten ein, zum Beispiel 14 Sekunden. Ein *Loggeglas* (Abb. 16), eine Sanduhr, zeigt den Ablauf dieser Zeit an.
Wer eine Stoppuhr hat, kann so arbeiten, daß er eine feste Leinenlänge, etwa 20 m, auslaufen läßt und die Zeit abstoppt.

Relingslog

Auch das Relingslog ist noch nicht das Richtige für uns. Das Verfahren sei aber beschrieben, weil es ohne Apparate durchgeführt werden kann.

Abb. 15 Gewöhnliches Handlog

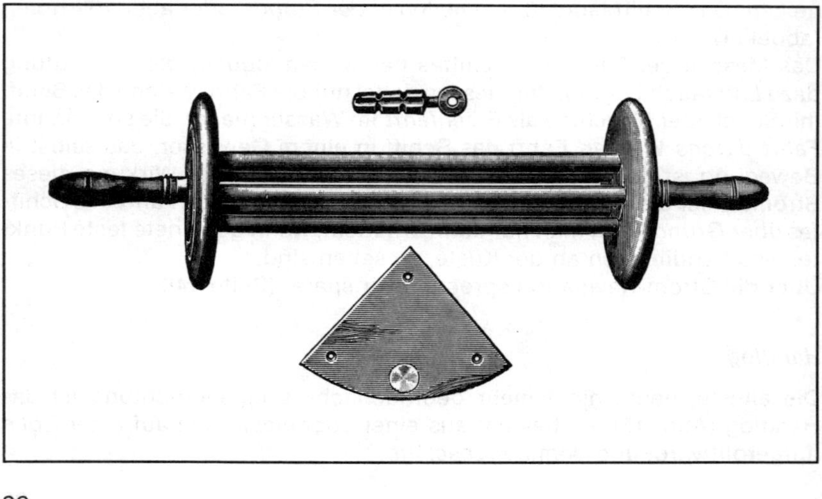

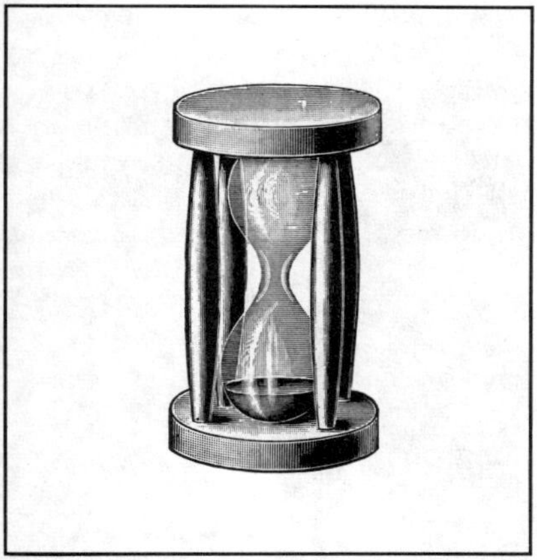

Abb. 16 Loggeglas

Wir brauchen dazu eine Uhr mit Sekundenanzeiger und ein Stück Holz, das vorn über Bord geworfen wird. Wenn dieses Stück Holz eine vorher auf dem Vorschiff bestimmte Marke passiert, ermittelt man die Zeit, die vergeht, bis es eine Marke achtern passiert hat.
Nehmen wir an, die Distanz zwischen diesen beiden Marken beträgt 25 m. Das Holz treibt in 10 Sekunden vorbei. Welche Fahrt des Schiffes folgt daraus?
In Wirklichkeit ist es natürlich so, daß wir an dem Holz vorbeifahren; es stellt für uns eine feste Marke im Wasser dar. Wir fahren also in 10 Sekunden 25 m, in 1 Sekunde 2,5 m.
Beim Handlog haben wir ermittelt: Ein Schiff mit 1 kn Fahrt läuft in einer Sekunde 0,5 m. Wir haben 2,5 m zurückgelegt, das heißt 5 x 0,5 m. Unser Schiff läuft also 5 kn.
Die Praxis rechnet nach folgender Regel:

$$\text{Fahrt} = \frac{\text{abgemessene Strecke x 2}}{\text{Anzahl der Sekunden}}$$

Im eben besprochenen Beispiel ist die Fahrt also:

$$\frac{25 \times 2}{10} = 5\ \text{kn}$$

Abb. 17a Patentlog von Plath, bestehend aus Loguhr, Flügel, Regulator, Leine, Reserveglas und -öse sowie Kasten

Abb. 17b Yachtlog von Plath auf einem kleinen Seekreuzer. Die Haltesäule ist aus der achtern an Deck eingebauten Halterung herauszunehmen

Das Verfahren mit dem Relingslog läßt sich nur bei Geschwindigkeiten unter 5 kn anwenden. Liegt das Schiff vor Anker, kann man die Stärke eines etwa vorhandenen Stroms danach messen.

Patentlog

Eine gute Loggeeinrichtung ist das *Patentlog,* das auch in Spezialausführungen für Yachten herausgebracht wird.

Es besteht, wie Abb. 17 a zeigt, aus einem Propeller, der an einer langen, geflochtenen Leine nachgeschleppt wird, und einem Zählwerk, das auf den Heckkorb aufgesetzt wird. Ein Schwungrad dient dazu, die Umdrehungen möglichst gleichmäßig zu machen. Die Leine muß eine Länge von

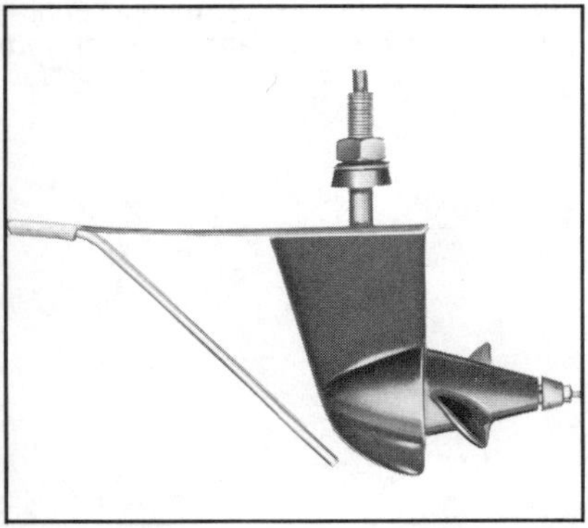

Abb. 18 Eingebautes Elektrolog mit Abweisebügel

Abb. 19a Modernes Echolot für Yachten

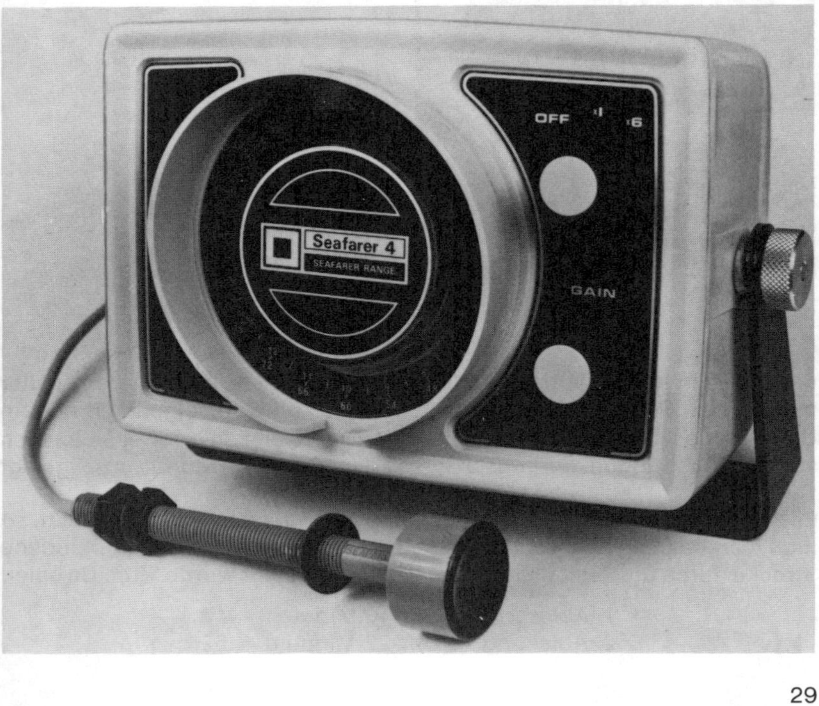

Abb. 19 b   Anzeigegerät eines Echolotes für die Küstenfahrt. Sender und Empfänger sind am Kiel des Schiffes eingebaut

60 bis 100 m haben (je nach der Größe des Schiffes), damit der Propeller nicht in den Sog des Kielwassers gerät. Das Zählwerk, eigentlich nur ein Umdrehungszähler, ist in Seemeilen geeicht. Es gibt an, wieviel Seemeilen seit dem Ausbringen des Logs bzw. seit der letzten Ablesung zurückgelegt wurden.

Es zeigt also *nicht* die *Fahrt* des Schiffes an! Will man die Fahrt haben, so muß man das Log zu zwei bestimmten Zeiten ablesen und die gefundene Strecke durch die Zeit teilen, in der sie zurückgelegt wurde. Zum Beispiel:

1. Ablesung 9 Uhr 40 Minuten = 47
2. Ablesung 10 Uhr 22 Minuten = 52

In 42 Minuten sind 5 Seemeilen zurückgelegt. Das Schiff lief also:

$$\text{Fahrt} = \frac{\text{abgelaufene Entfernung in sm}}{\text{Zeit in Stunden}}$$

$$= \frac{\text{abgelaufene Entfernung in sm x 60}}{\text{Zeit in Minuten}}$$

$$= \frac{5 \text{ x } 60}{42} = 7 \text{ kn}$$

Wie Abb. 17b zeigt, kann das Yachtlog an einer Säule befestigt sein, die an Deck in eine Halterung eingeschoben wird. Nimmt man das Gerät weg, wird die Halterung mit einer kleinen Scheibe verschlossen.
Auch das Patentlog hat Nachteile, es arbeitet nur bei mittleren Fahrtstufen ohne Fehler. Bei weniger als 3 kn versinkt der Propeller, hängt schräg und zeigt daher falsch an. Bei über 18 kn springt er aus dem Wasser und wird an der Oberfläche entlanggeschleppt; auch das führt zu einer falschen Anzeige.

Moderne Fahrtmesser für Yachten

Moderne Yachtlogs werden an der Unterseite des Schiffes eingebaut und messen die jeweilige *Fahrt* des Schiffes nach den Umdrehungen eines durch den Fahrtstrom angetriebenen Propellers oder nach dem Strömungsdruck auf einen Meßfühler. Durch eine Addiervorrichtung kann auch die abgelaufene Distanz angezeigt werden.
Abb. 18 zeigt als Beispiel das fest unter dem Kiel montierte *Elektrolog.* In dem Propeller ist ein Magnet eingebaut, der in einer festen Spule eine elektrische Spannung induziert, die der Fahrt des Schiffes proportional ist. Ein Anzeigegerät zeigt diese Spannung und damit die augenblickliche Geschwindigkeit an. Ein Abweisebügel schützt den Propeller gegen Verschmutzung und Beschädigungen.
Über Wartung und Fehlerbestimmung von Loggeanlagen werden wir uns später noch einmal unterhalten (Seite 152).

Umdrehungszahlen

Wer kein Log an Bord hat, kann auf Motorfahrzeugen auch aus den Umdrehungszahlen der Maschine auf die Fahrtstufe schließen.

Aus einer *Fahrttabelle,* die durch Ablaufen bekannter Entfernungen aufgestellt wird, ersieht man, wieviel das Schiff bei jeder Umdrehungszahl läuft. Allerdings können die Werte durch Seegang, Wind, andere Trimmlage oder auch Bewuchs so stark abweichen, daß nur große Erfahrung Sicherheit gibt.
Ein gutes Log muß also unbedingt an Bord sein.

3. Das Lot

Für die Bestimmung der Tiefe des Wassers müssen wir ein weiteres Gerät an Bord haben, das *Lot.*
Zwar kann man Wassertiefen von einigen Metern auch mit einem *Peilstock* oder dem Bootshaken ausmessen, für größere Tiefen brauchen wir das Lot, einen Bleikörper an einer Leine, die in zweckmäßiger Weise zu markieren ist.

Hand-, Mittel- und Tieflot

Je nach der Größe des Bleikörpers unterscheiden wir:

Handlot	Gewicht 3 – 5 kg
Mittellot	Gewicht 8 – 10 kg
Tieflot	Gewicht 15 – 25 kg

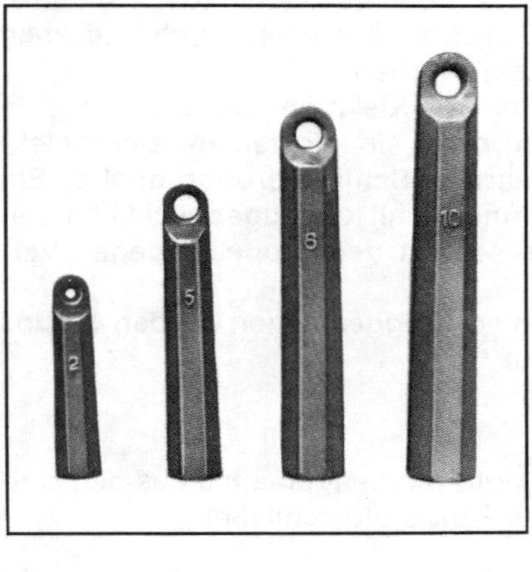

Abb. 20 Handlote

Die erforderliche Leinenlänge:

Handlot	35 – 45 m
Mittellot	60 – 100 m
Tieflot	200 – 300 m

Nach den Unfallverhütungsvorschriften der See-Berufsgenossenschaft brauchen in der Küstenfahrt nur ein Handlot und ein Mittellot an Bord zu sein.
Der Lotkörper (Abb. 20) enthält unten eine Vertiefung, die zur Aufnahme der *Lotspeise* dient. Das ist weicher Talg, in den sich bei der Grundberührung des Lotes Teile des Meeresbodens (Steine, Muscheln, Schlick) festsetzen können. Die Kenntnis der Beschaffenheit des Meeresbodens gibt einen wichtigen Anhalt für die Schiffsortbestimmung. Die Lotspeise wird deshalb nach der Lotung herausgeschnitten und getrocknet.
Die Markierung der Lotleine erfolgt in Metern, denn die Tiefenangaben in den deutschen Seekarten beziehen sich auf Meter. Man verwendet dazu Streifen verschiedenfarbigen Stoffes oder Tape und markiert wie folgt:

2 m, 12 m, 22 m: schwarz
4 m, 14 m, 24 m: weiß
6 m, 16 m, 26 m: rot
8 m, 18 m, 28 m: gelb

Alle 10 m wird ein Lederstreifen mit der entsprechenden Anzahl Löcher (bei 10 m 1 Loch, bei 20 m 2 Löcher usw.) eingefügt. Handlotleinen dürfen nicht zu dünn sein (etwa eine ungeteerte Hanfleine von 2 cm Umfang), sonst schneiden sie in die Handfläche ein. Neue Leinen müssen vor dem Markieren wieder naßgemacht und gestreckt werden.
Wenn das Schiff keine Fahrt macht und kein Strom setzt, ist das Loten einfach. Bei Fahrt muß das Lot jedoch so weit vorausgeworfen werden, daß es Grund findet, wenn die Leine senkrecht steht. Sonst mißt man zu große Werte. Bei größeren Tiefen und höherer Fahrt muß man stoppen oder mit der Fahrt heruntergehen.
Bis zu 30 m Wassertiefe können wir mit dem Handlot arbeiten.
Die Unmöglichkeit, bei größerer Fahrt zu loten, hat zur Entwicklung von „indirekten" Lotverfahren geführt, von denen zwei im Grundgedanken dargestellt werden sollen: das Thomson-Lot und das Echolot. Das Echolot ist hinsichtlich Abmessungen, Strombedarf und Preis so günstig, daß es auf keinem Sportfahrzeug fehlen sollte.

Thomson-Lot

Beim *Thomson-Lot* mißt man den Druck am Meeresboden. Daraus kann man auf die Wassertiefe schließen, denn der Druck im Meer steigt je 10 m Wassertiefe um eine Atmosphäre. Den Druck messen wir mit einem geschlossenen Manometer in Gestalt einer 600 mm langen, oben geschlossenen Glasröhre, die an einem Lotkörper hinabgelassen wird.
Wie weit das Wasser am Meeresgrund die Luft in dieser Glasröhre zusammengepreßt hat, erkennt man nach dem Aufholen an der Entfärbung des innen aufgetragenen Farbbelages. Aus der Volumenverkleinerung der zusammengepreßten Luft folgt der Druck und damit die Wassertiefe. Da das Rohr an einem Lotkörper befestigt wird, kann eine Grundprobe mit nach oben geholt werden.

Echolot

Die besten Lotanlagen sind *Echolote,* bei denen die Tiefe aus der Zeit geschlossen wird, die ein Schallsignal braucht, um vom Schiff zum Meeresboden und wieder zurück zum Schiff zu gelangen (Abb. 21). Da die Geschwindigkeit des Schalls im Wasser 1500 m/s beträgt, müssen sehr kurze Zeiten gemessen werden. Bei 7,5 m Wassertiefe z. B. sind 15 m Weg zurückzulegen. Das geschieht in einer hundertstel Sekunde! Als Sender dienen elektrische Membransender oder Kristalle, die unhörbare Schallsignale (Ultraschall) aussenden. Die Laufzeit des Echos wird durch eine mit konstanter Geschwindigkeit umlaufende Scheibe gemessen, die eine Anzeigeröhre trägt. Bei der Nullstellung der Anzeigeröhre wird ein kurzes Schallsignal ausgesandt, bei Eintreffen des Echos leuchtet die Anzeigeröhre auf und zeigt die Wassertiefe an.
Die Tiefenbereiche, in denen gelotet werden kann, lassen sich je nach dem Fahrtgebiet verschieden wählen. Die Anzeigen können auch aufgeschrieben werden (Echograph).

4. Winkelmeßinstrumente

Auch dem Küstenfahrer kann ein Winkelmeßgerät wertvolle Dienste leisten. Gemeint ist damit der *Sextant,* der astronomischen Beobachtungen dient, der es aber auch gestattet, Höhen- und Horizontalwinkel von Küstenobjekten zu messen.

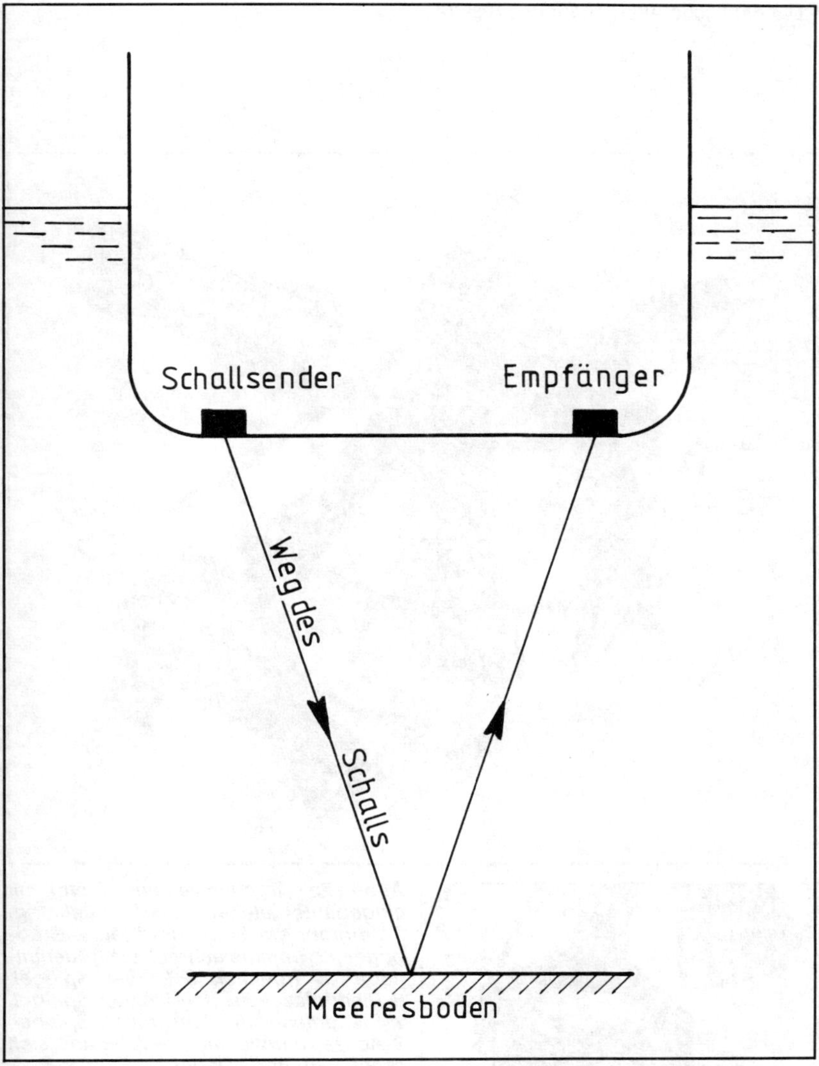

Abb. 21 Das Echolot-Prinzip

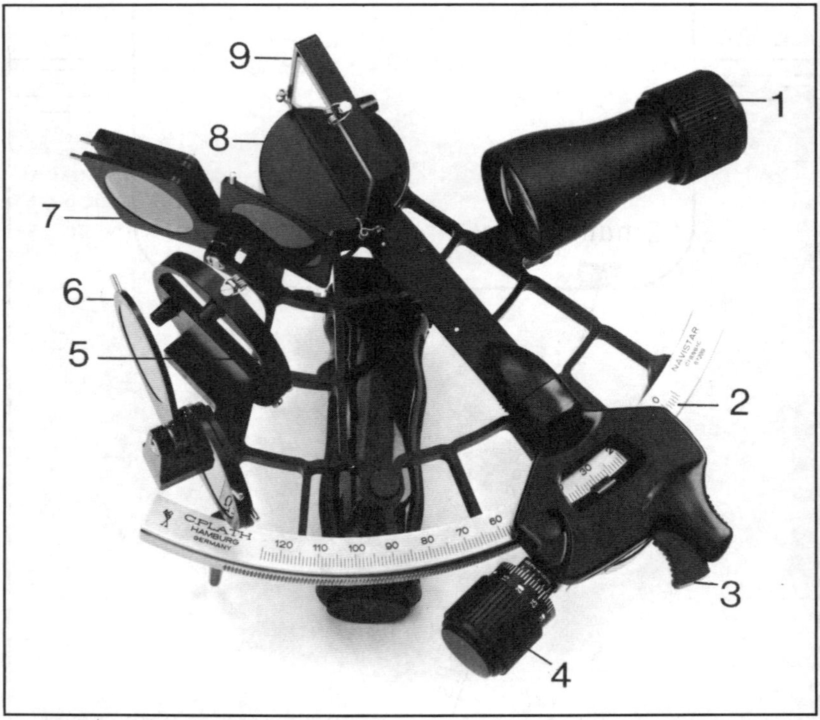

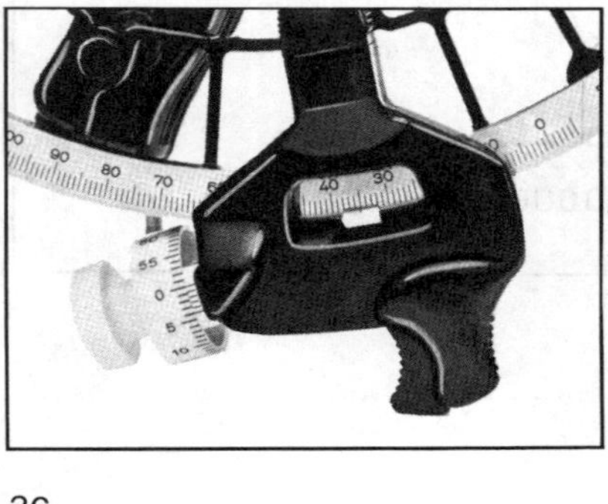

Abb. 22a Trommelsextant (Plath) mit eingebauter elektrischer Beleuchtung. 1 Fernrohr am Fernrohrträger, 2 Gradbogen, 3 Trommelschraube mit Klemmhebel, 4 Trommel, 5 kleiner Spiegel, 6 Blendgläser für den kleinen Spiegel, 7 Blendgläser für den großen Spiegel, 8 Achse, um welche die Alhidade sich dreht, 9 großer Spiegel

Abb. 22b Ablesung 35°0'

Abb. 22 zeigt einen solchen Sextanten. Er besteht aus einer durchbrochenen Metallfläche in Form eines Kreisausschnittes, die auf der Rückseite mit einem Handgriff versehen ist. Auf dem Umfang ist eine Teilung angebracht, über welcher die Ablesevorrichtung gleitet. Diese befindet sich an der *Alhidade,* die um den Mittelpunkt des Kreisausschnittes drehbar ist. Über diesem Drehpunkt der Alhidade ist der große Spiegel (senkrecht zur Instrumentenebene) montiert. Ihm steht der auf dem Instrumentenkörper angebrachte kleine Spiegel gegenüber, der nur zur Hälfte belegt ist. Bei der Ablesung Null stehen beide Spiegel parallel. Wir sehen dann in dem kleinen Spiegel gleichzeitig das gespiegelte und das wahre Bild. Dem kleinen Spiegel gegenüber befindet sich der *Fernrohrträger,* in den wir ein kleines Fernrohr einschrauben können. An dieser Stelle ruht das Auge des Beobachters. Die *Blendgläser* können bei Bedarf eingeschoben werden.

5. Die Seekarte

Zur weiteren nautischen Ausrüstung gehört vor allem eine *Seekarte,* die uns in geeigneter Weise ein Bild der Erdoberfläche gibt und die die erforderlichen Angaben über Küstenformen, Wassertiefen, Grundbeschaffenheit, Land- und Seemarken enthält. Ein Abbild der Erde oder eines Teiles derselben zu geben, ist nicht einfach, weil die Erde eine Kugel ist. Aller-

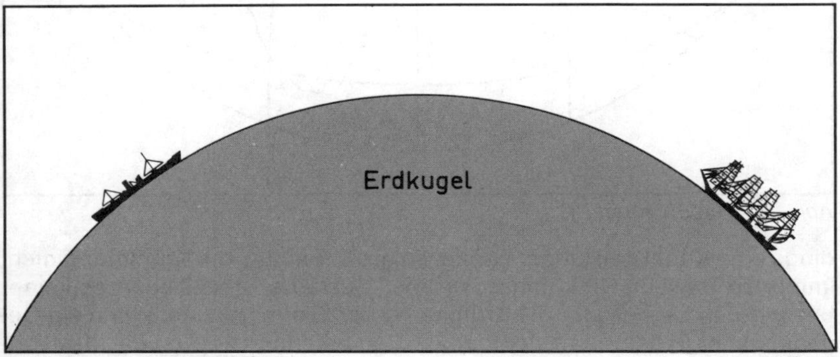

Abb. 23 Die Erde ist rund

Abb. 24 Die Erdkugel

dings eine Kugel gewaltiger Größe, so groß, daß uns die Krümmung nicht immer zu Bewußtsein kommt. Für uns „Seeleute" aber bedarf es keiner besonderen Beweise für die Krümmung der Erdoberfläche: Wenn ein Gegenkommer in der Kimm sichtbar wird, so erkennen wir erst die Mastspitze, dann die Aufbauten, dann erst das Schiff selbst (Abb. 23).

Die Erde ist eine Kugel mit einem Halbmesser von 6367 Kilometern. Eine wirklichkeitstreue Darstellung kann natürlich nur eine Kugel geben (Abb. 24). Wir nennen solche Abbildungen der Erde *Globus*. Ein Globus kommt für unsere Zwecke aber nicht in Betracht, denn ein einigermaßen genauer Globus würde viel zu groß werden. Ein Bild der *ganzen* Erde ist für uns aber auch nicht nötig, wir brauchen immer nur die Darstellung eines kleinen Teils, etwa der Deutschen Bucht oder der Ostsee oder sogar nur eines Teils dieser Meere, etwa der Elbmündung.

Für uns kommt nur eine *Karte*, eine Abbildung auf ebener Fläche, in Frage, auf der man die gesegelten Kurse und Entfernungen, Peilungen und Schiffsorte mit dem Lineal, Zirkel und Kursdreieck eintragen kann.

Zu den Karten, die ein ganzes Meer darstellen, zählen die *Ozean-* und *Übersichtskarten*, an Bord auch *Übersegler* genannt. Sie dienen zur Wahl des Reiseweges und zum Absetzen von Kurs und Distanz auf große Strekken. Ozeankarten haben einen Maßstab von 1 : 5 000 000 und kleiner, Übersichtskarten einen solchen von 1 : 1 600 000 bis 1 : 5 000 000.

Ist eine Karte im Maßstab 1 : 2 000 000 hergestellt, so verhält sich die Entfernung in der Karte zur entsprechenden wirklichen Entfernung wie 1 zu 2 000 000. Die tatsächliche Entfernung ist 2 Millionen mal so groß. Was in der Karte 1 cm ist, macht in Wirklichkeit 2 000 000 cm oder 20 000 m oder 20 km aus.

Segelkarten – Maßstab 1 : 300 000 bis 1 : 1 600 000 – stellen einzelne Meeresteile dar und dienen zur eigentlichen Schiffsführung auf hoher See, wie etwa die

D.50^{D} Deutsche Bucht, 1 : 300 000*, oder die
D.60 Die südliche Ostsee von Gedser Odde bis Steinort (Akmen' rags), 1 : 500 000.

Die erste Karte (1 : 300 000) ist genauer als die zweite (1 : 500 000), da bei ihr 1 cm nur 3 km, auf der anderen aber schon 5 km entspricht. Wir sagen: Der Maßstab 1 : 300 000 ist *größer* als der Maßstab 1 : 500 000.

Schließlich gibt es noch *Küstenkarten* (1 : 30 000 bis 1 : 300 000) und *Pläne* (1 : 30 000 und größer) zur Ansteuerung des Landes und zur Küstenfahrt, zum Einlaufen in schwierige Fahrwasser, Buchten und Häfen sowie

* *Der hochgestellte Buchstabe D bedeutet, daß in die Seekarte Decca-Standlinien eingedruckt sind. Für unsere Zwecke brauchen wir sie nicht zu beachten.*

zum Aufsuchen von Ankerplätzen. Solche Küstenkarten sind zum Beispiel für die Deutsche Bucht die

D.49 Mündungen der Jade, Weser und Elbe und die
D.87 Die ostfriesischen Inseln mit Helgoland,
beide im Maßstab 1 : 100 000.

Als Beispiel für Karten mit Plänen seien jene für die Ansteuerung Bremens genannt:

D.4	Die Weser von Robbennordsteert bis Bremerhaven und Nordenham	1 : 25 000
	Plan: Häfen von Bremerhaven	1 : 12 500
D.5	Die Weser von Nordenham bis Farge	1 : 25 000
	Plan: A Hafen von Brake	1 : 10 000
	B Hafen von Elsfleth	1 : 10 000
	C Die Hunte von Huntebrück bis Oldenburg	1 : 50 000
	D Hafen von Oldenburg	1 : 20 000
D.6	Die Weser von Farge bis Bremen	nur Pläne
	Plan: A Farge bis Osterort	1 : 25 000
	B Vegesacker Kurve	1 : 12 500
	C Häfen von Bremen	1 : 12 500
	D Stephani-Brücke bis Hemelingen	1 : 25 000

Für die Fischerei gibt es besondere *Fischereikarten,* die außer dem üblichen Karteninhalt weitere, für die Fischerei wichtige Angaben enthalten, vor allem Fischereigrenzen und Angaben über die Grundbeschaffenheit. Eine Aufstellung der vom Deutschen Hydrographischen Institut (DHI) herausgegebenen Seekarten und -bücher enthält das *Verzeichnis der Nautischen Karten und Bücher,* geordnet nach Nummern und nach Seegebieten.

Unserem Buch ist ein Ausschnitt aus der Seekarte
D.50D Deutsche Bucht, Maßstab 1 : 300 000,
beigefügt. In dieser Karte wollen wir jeweils unsere ersten Übungen machen.

Einrichtung der Seekarte

Was verlangen wir von der Seekarte, und wie ist sie eingerichtet? Wir holen gleich etwas weiter aus und führen einige Begriffe ein, die wir später noch brauchen werden.

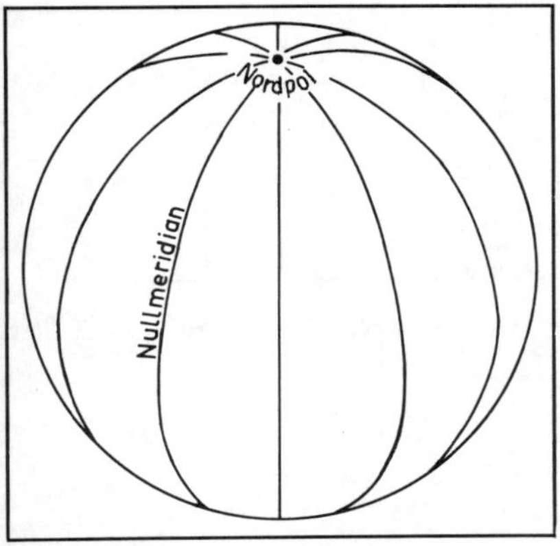

Abb. 25 Meridiane

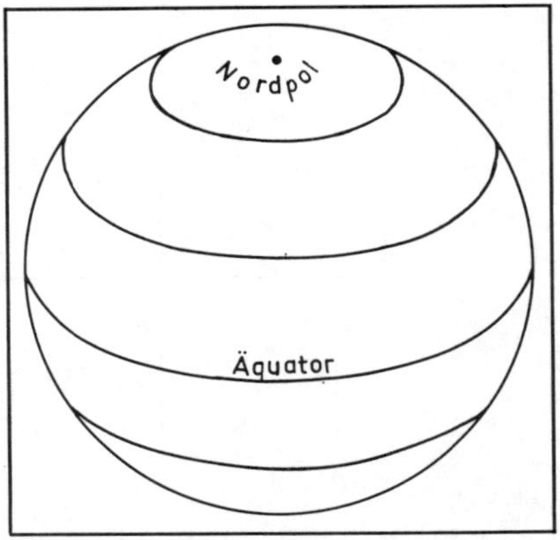

Abb. 26 Breitenkreise

Die Erde dreht sich um die Erdachse, deren Endpunkte *Nordpol* und *Südpol* genannt werden. Durch diese beiden Pole sind Kreise gelegt: die *Meridiane* (Abb. 25). Einer dieser Meridiane trägt die Nummer null – jener, der durch die Sternwarte Greenwich in London geht.
Senkrecht zu diesen Meridianen, also Ost–West verlaufend, sind ebenfalls Kreise gelegt, die verschieden lang ausfallen und zum Pol hin immer kleiner werden: die *Breitenkreise* (Abb. 26).
Einer dieser Breitenkreise ist der größte, jener, der vom Nord- und Südpol gleich weit entfernt ist. Er heißt *Äquator.*
Der Äquator ist der Breitenkreis Nummer null. Teilen wir ihn in 360 gleiche Teile und legen durch jeden Teilpunkt, bei dem Meridian von Greenwich beginnend, einen Meridian, dann erhalten wir 360 Meridiane, die wir, vom Greenwich- oder Nullmeridian aus beginnend, nach Ost und West bis 180 durchnumerieren (Abb. 27).
Zwischen Äquator und Pol legen wir in gleichen Abständen 90 Breitenkreise, vom Äquator als dem Nullbreitenkreis zu den Polen hin durchnumeriert.
Jeder Ort der Erde hat nun seine „Adresse". Wie wir in einer Stadt einen Platz durch Angabe der Straßen festlegen können, an deren Kreuzung er liegt, so geben wir auf der Erde die Nummer des Meridians und des Breitenkreises an, auf denen der Ort liegt (Abb. 28).

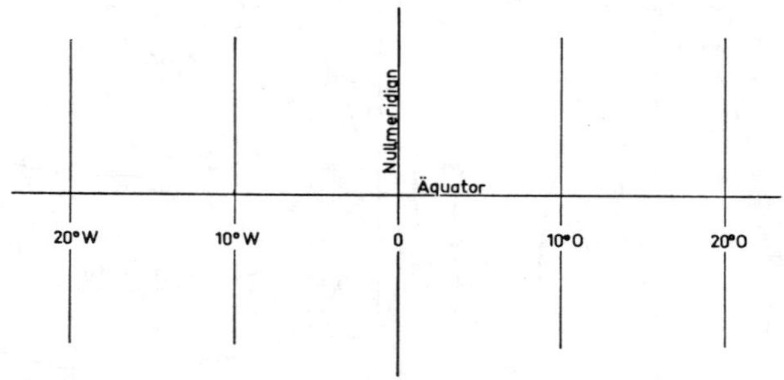

Abb. 27 Die Benennung der Meridiane

Diese Linien sind Kreise auf der Kugeloberfläche der Erde. Wenn wir nun, wie geplant, ein ebenes Bild dieser Kugel herstellen wollen, dann ist das ohne Verzerrungen nicht möglich.
Je nach dem Verwendungszweck der Karte sind verschiedene Wege gefunden worden. Ein Blick in den Atlas zeigt, daß es sogar sehr verschiedene Karten gibt.

Abb. 28 Festlegung eines Ortes

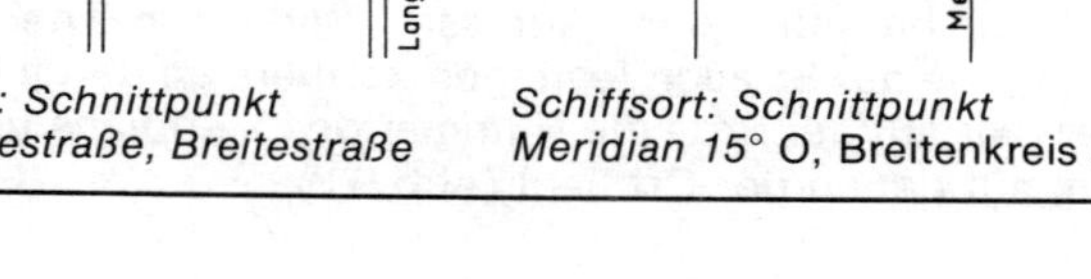

Platz: Schnittpunkt Langestraße, Breitestraße

Schiffsort: Schnittpunkt Meridian 15° O, Breitenkreis 50° N

Eine Karte soll eigentlich alle Flächen richtig in ihrer Größe wiedergeben, alle Längen und auch alle Winkel. Das ist nicht zu erreichen. Wir müssen uns also überlegen, was für die Seefahrt wichtig ist:

● Legen wir auf der Erde einen geraden Weg zurück, das heißt, steuern wir ein und denselben Kurs, so wollen wir auch in die Karte eine gerade Linie eintragen.
● Jeder Kurswinkel in der Karte soll dem entsprechenden Winkel auf der Erde gleich sein. Steuern wir also zum Beispiel den Kurs 30°, so soll in der Karte die gerade Kurslinie mit dem Meridian den Winkel 30° nach Osten hin bilden, den wir mit dem Kursdreieck anlegen.
Es folgt daraus, daß die Meridiane und Breitenkreise (Kurslinie Nord bzw. Ost) sich in dieser Karte, wie auf der Erdkugel selbst, senkrecht schneiden und parallel zueinander verlaufen müssen.

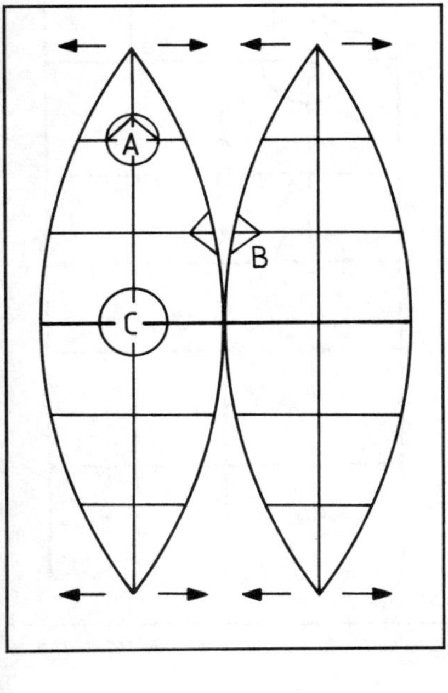

Abb. 29 Ausbreiten der Erdoberfläche in eine Ebene

- Entfernungen müssen sich leicht messen lassen.

Diese Bedingungen erfüllt die *Seekarte,* deren Entwurf von dem flandrisch-deutschen Geographen *Mercator* stammt.
Denken wir uns auf einem Globus das Kartenbild längs der Meridiane eingeschlitzt und die abgehobenen Flächenstücke auf einer Ebene ausgebreitet, wie es Abb. 29 andeutet. Diese Karte einfachster Art ist noch nicht brauchbar, denn die Meridiane laufen nicht parallel. Die Karte ist so zerrissen, daß die Insel B, die als Beispiel eingezeichnet ist, in mehrere Teile getrennt ist.
Wir zerren diese Stücke jetzt so, daß sie sich entlang den Meridianen berühren (Plattkarte, Abb. 30). Das ist natürlich am Pol selbst nicht möglich.

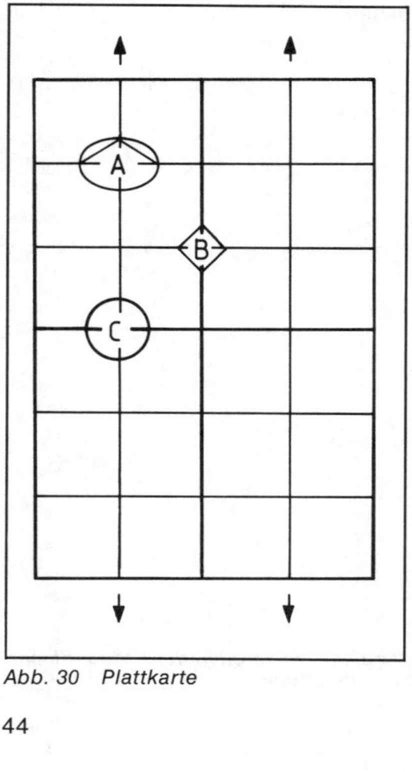

Abb. 30 Plattkarte

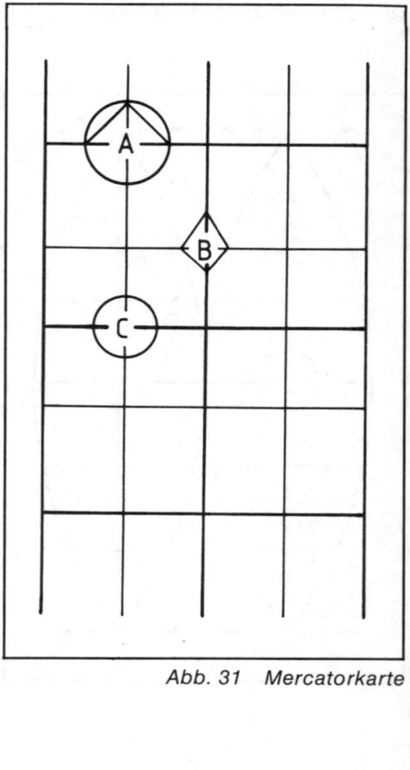

Abb. 31 Mercatorkarte

Diese Karte hat nun parallele Meridiane und Breitenkreise, aber jetzt sind die Landformen verzerrt, wie es am besten die kreisförmige Insel A zeigt. Und zwar um so schlimmer, je weiter die Insel nach Norden oder Süden vom Äquator entfernt liegt. Am Äquator selbst (C) würde noch nicht einmal etwas passiert sein.
Da die Winkel nicht stimmen, wie die in der Insel A eingetragenen Straßen zeigen, die einen rechten Winkel bilden sollen, müssen wir noch einmal zerren, und zwar in Richtung Nord, in Richtung der Meridiane. So lange, bis alle Kreise wieder Kreise sind. Dabei muß man in der Nähe des Äquators wenig, in höheren Breiten mehr ziehen.
Wenn wir das getan haben, sind auch die Winkel wieder in Ordnung, und die Seekarte ist fertig.
Die Größe der Insel hat sich dabei geändert, wie es Abb. 31 deutlich macht. Die Darstellung ist also nicht *flächentreu,* aber sie ist winkeltreu, wie wir es verlangen mußten.
Nehmen wir uns einmal eine Seekarte vor. Wir bestätigen zunächst, daß der Maßstab am unteren Kartenrand, der die Meridiane benennt, enger ist als der Maßstab am Seitenrand, an dem die Breitenkreise durchnumeriert sind. Während der Abstand der einzelnen Teilstriche am unteren Kartenrand gleich ist, wird der Bestand der Teilstriche am Seitenrand nach oben hin immer größer, weil wir ja bei der Herstellung der Karte um so mehr verzerren müssen, je weiter wir uns vom Äquator entfernen. In der Nähe des Äquators ist eine Bogenminute auf Meridian und Breitenkreis gleich lang; auf den Breiten, die die Karten darstellen, ist eine solche Minute auf dem Seitenrand (Meridian) schon fast doppelt so lang wie am unteren Rand (Breitenkreis).
Wollen wir Entfernungen in Seemeilen absetzen, haben wir das zu beachten. Eine Seemeile ist gleich einer Meridian-Bogenminute, muß also stets am rechten oder linken Kartenrand, nie oben oder unten entnommen werden. Und weil die Abstände nach oben hin immer größer werden, muß man die Seemeilen ungefähr auf der Höhe entnehmen, auf der die Distanz sich erstreckt.

Inhalt der Seekarte

Schauen wir uns die Karte der Deutschen Bucht oder den beigefügten Ausschnitt aus der D.50^{D} einmal genauer an.

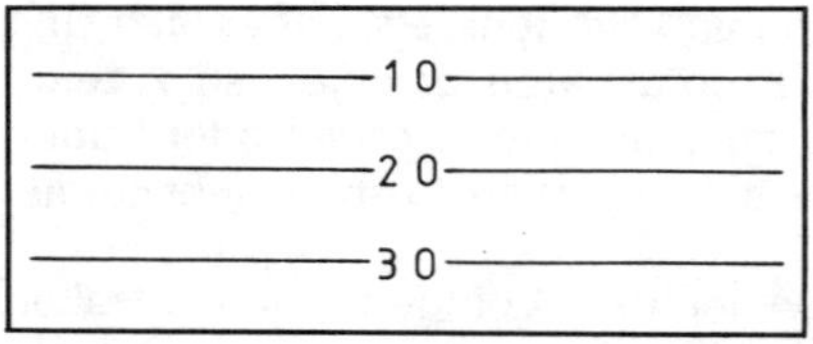

Abb. 32 Tiefenlinien

Vom Land wird nur das gezeigt, was für die Schiffsführung erforderlich ist: außer der Küstenlinie und Küstengestaltung die von See sichtbaren Bodenerhebungen, auffällige Landmarken wie Kirchtürme, Windmühlen usw. und die Leuchtfeuer mit Angaben über Art und Sichtweite der ausgesandten Lichtsignale.
In der Meeresfläche selbst, die weiß ist, sind vor allem Tiefenangaben gemacht sowie Angaben über die Beschaffenheit des Meeresgrundes. Ferner sind die Seezeichen, Feuerschiffe, Tonnen usw. eingezeichnet. (Darauf kommen wir im nächsten Kapitel zurück.)
Die Wassertiefen sind entweder durch Einzelzahlen angegeben, oder es sind Orte gleicher Wassertiefe durch Linien verbunden (Abb. 32).
Wattgebiete sind in hellem Grün hervorgehoben, Zonen bis zu 10 m in Blauton.
Während wir in der Ostsee, wo es keine Ebbe und Flut gibt, immer dieselbe Höhe des Wasserspiegels annehmen können, ist es in der Deutschen Bucht zum Beispiel so, daß der Wasserspiegel mehrere Male am Tag um 3 bis 4 m steigt und fällt. Welche Wassertiefe ist denn nun gemeint?
Wir merken uns: Alle Tiefenangaben beziehen sich auf *Kartennull.*
Kartennull ist in der Nordsee die Höhe des Wasserstandes bei mittlerem Springniedrigwasser, in der Ostsee bei Mittelwasser.
Über die Abkürzungen und Zeichen, die zur Darstellung der Bodenbeschaffenheit, der Ufergestalt usw. gebraucht werden, unterrichtet eine Veröffentlichung des Deutschen Hydrographischen Instituts (DHI), und zwar die *Karte Nr. 1: Zeichen und Abkürzungen in den deutschen Seekarten,* erhältlich bei den Seekarten-Vertriebsstellen. Hier ein Auszug:

Küsten

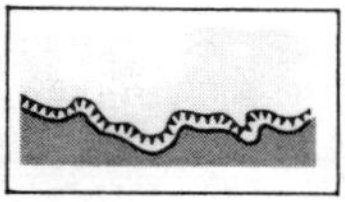

Steilküste

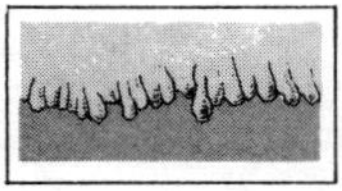

Fels

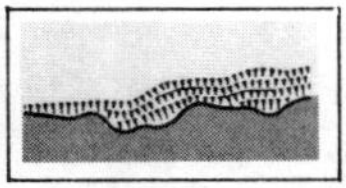

Kliffküste

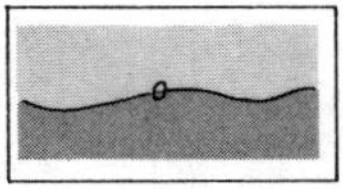

Sand und Schlick

Felsküste

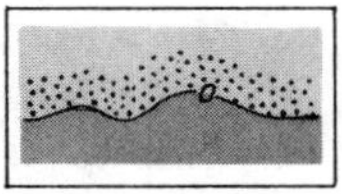

Sand und Kies

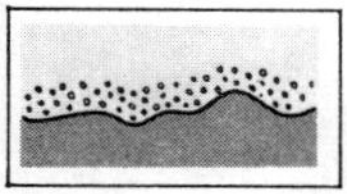

Stein- oder Kiesküste

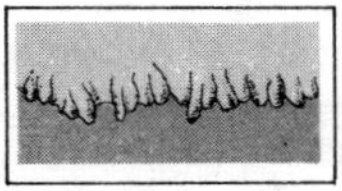

Korallen

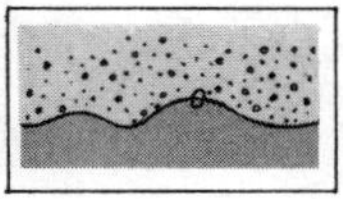

Steine, grober Kies oder Kies

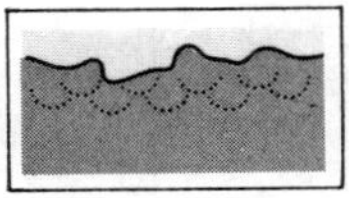

Brandung entlang einer Küste

Land

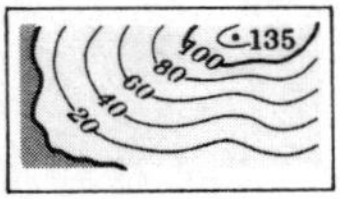

Höhenlinien

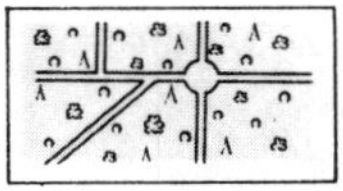

Park, Garten

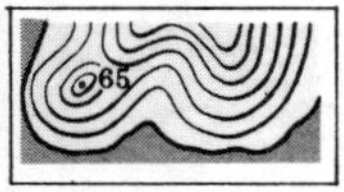

Formlinien

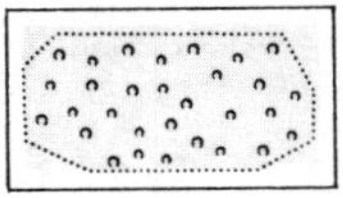

Busch

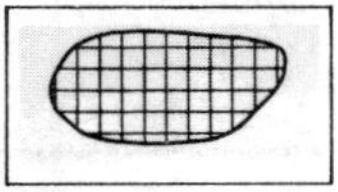

Salzbecken, Saline

Laubbaum

Nadelbaum

Häfen

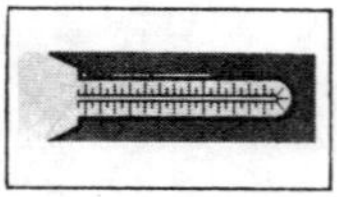

Mole mit Betonböschung

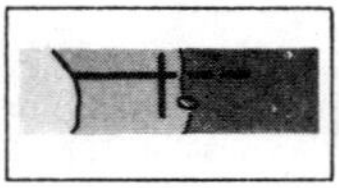

Buhne, Stack

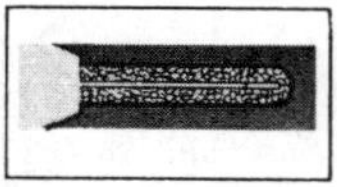

Mole mit Steinschüttung

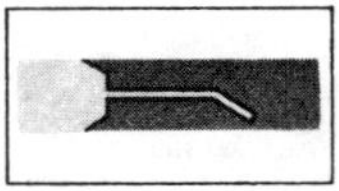

Wellenbrecher

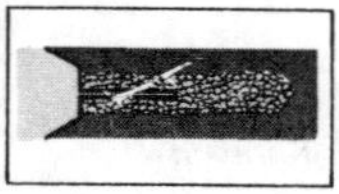

Mole mit Natursteinböschung

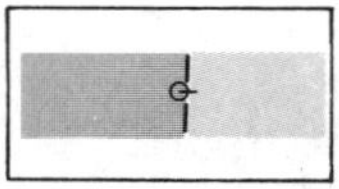

Kran

Topographie

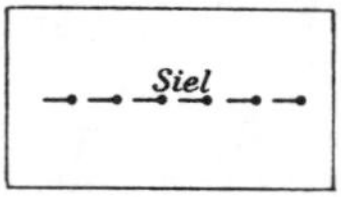

Siel, Abflußrohr

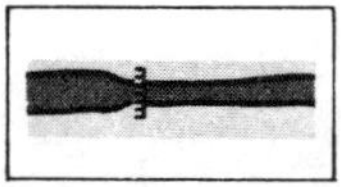

Damm, Wehr

Brücke, allgemein

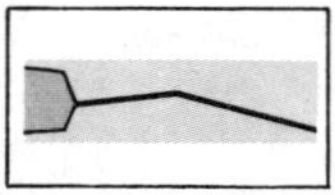

Leitdamm

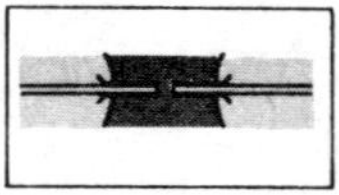

Klappbrücke

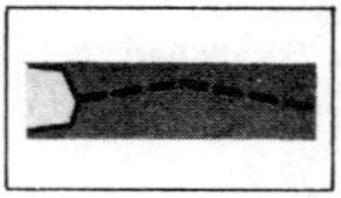

Leitdamm unter Wasser, in Bau

Bauten aller Art

Stadt

Bauwerke, allgemein

Vorstadt

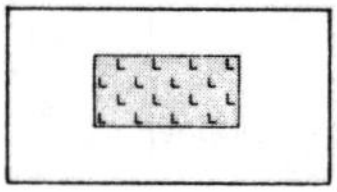

Friedhof (Nicht-Christen)

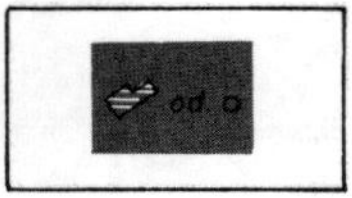

Dorf

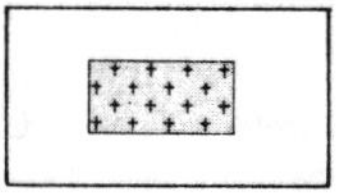

Friedhof (Christen)

Gefahren

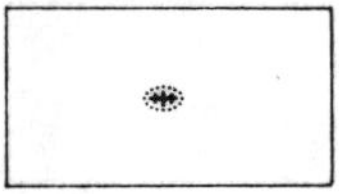

Gefährliches Wrack. Tiefe unbekannt

Brandung

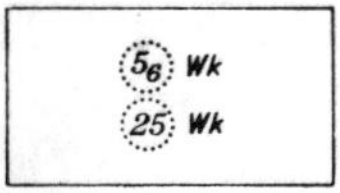

Wrack. Tiefe bekannt

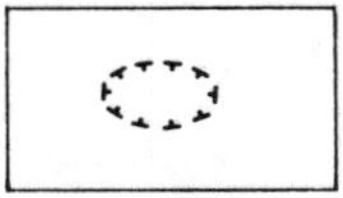

Grenze von Fels- oder Riffgründen

Stromwirbel

Munitionsversenkungsgebiet

Verschiedene Grenzen

Richtlinie (feste Linie: Fahrwasser)

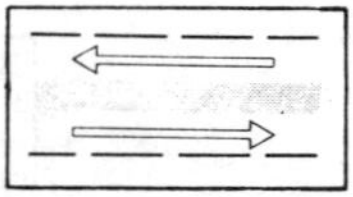

Verkehrstrennungsgebiet

Deckpeilung

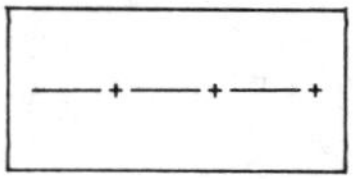

Zollgrenze

Objekte in Linie

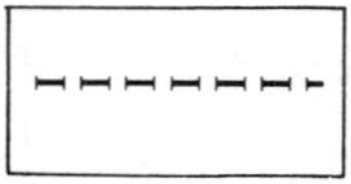

Staatsgrenze

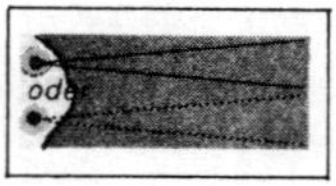

Sektorengrenzen

Allgemeine Abkürzungen

A

A.	*Amt, Anstalt*
Aero-	*Luftfahrtfeuer*
Am.	*Amerikanisch*
Ankpl.	*Ankerplatz*
Anl.	*Anleger*
Anst.	*Ansteuerung*
Arch.	*Archipel*
auff.	*auffällig*
Aus.	*Australisch*
Aust.	*Austern*

B

B.	*Bucht*
Batt.	*Batterie*
beabs.	*beabsichtigt*
bel.	*beleuchtet*
Ber.	*Berichtigung*
Bg.	*Berg*
Bhf.	*Bahnhof*
Bk.	*Bake(n)*
bl.	*blau*
Blk.	*Blinkfeuer*
Blk.(2)	*Blinkgruppenfeuer*
Blk.(1+2)	*Kombiniertes Blinkgruppenfeuer*
Blz.	*Blitzfeuer*
Blz.(3)	*Blitzgruppenfeuer*
Blz.(1+2)	*Kombiniertes Blitzgruppenfeuer*
Blz.-Blk.	*Blitz-Blinkfeuer*
Bn.	*Brunnen*
bnt.	*bunt*
br.	*braun*
Br.	*Breite*
Brdg.	*Brandung*
Brit.	*Britisch*
Brk.	*Brücke*
bzw.	*beziehungsweise*

C

cd.	*Candela*
cm	*Zentimeter*

D

D.	*Deutsch*
Dän.	*Dänisch*
DW	*Tiefwasserweg*
Dev.	*Deviation*
Dev-Bk.	*Deviationsbake*
Dev-Dlb.	*Deviationsdalben*
Dev-Tn.	*Deviationstonne*
D.H.I.	*Deutsches Hydrographisches Institut*
Di.	*Diatomeen*
dkl.	*dunkel*
Dkm.	*Denkmal*
Dlb.	*Dalben*
dm	*Dezimeter*
Drchf.	*Durchfahrt*

E

ED	*Vorhandensein zweifelhaft*
ehem.	*ehemalig*
Einf.	*Einfahrt*
Eis-S.	*Eissignalstelle*
E-Werk	*Elektrizitätswerk*
expl.	*explosiv*
Expl-Ankpl.	*Ankerplatz für Schiffe mit gefährlicher Ladung*
Expl-Tn.	*Reedetonne für Schiffe mit Explosivstoffen*

F

F.	*Festfeuer*
f.	*fein*
Fbr.	*Fabrik*

Fd.	Förde
Fh.	Fähre
Fhrwss.	Fahrwasser
Fi.	Fischerfeuer
Fi-Hfn.	Fischereihafen
Finn.	Finnisch
Fj.	Fjord
Fkl.	Funkelfeuer
Fkl.unt.	Unterbrochenes Funkelfeuer
Fl.	Fluß, Strom
Flgmst.	Flaggenmast
Flgst.	Flaggenstock
Flgtm.	Flaggenturm
Fls.	Felsen
fls.	felsig
Fnkmst.	Funkmast(en)
Fnktm.	Funkturm
Fr.	Foraminiferen
F-Sch.	Feuerschiff
Fstm-Tn.	Festmachetonne(n)
Ft.	Fort

G

G.	Golf
g.	gelb
Gas-T.	Gastank, Gasometer
gb.	grob
Gbd.	Gebäude
Gbg.	Gebirge
gb. K.	grober Kies
Gd.	Grund
Gef-S.	Gefahrensignalstelle
gel.	gelöscht
gem.	gemeldet
ger.	geringer
Ger. Tiefe	Geringere Tiefe möglich
Ges-A.	Gesundheitsamt
Gez-F.	Gezeitenfeuer
ggf.	gegebenenfalls
Gl.	Globigerinen
Glet.	Gletscher
Gl-Floß	Glockenfloß
Glt.	Gleichtaktfeuer
Gl-Tm.	Glockenturm
Gl-Tn.	Glockentonne
gn.	grün
Gr.	Greenwich
gr.	grau
Grp.	Gruppe(n)
Grs.	Seegras
gß.	groß
gß. St.	großer Stein, große Steine

H

h.	hell
O^h	Stunde
Hfn.	Hafen
Hfn-A.	Hafenamt
Hg.	Hügel
H-I.	Halbinsel
Hk.	Huk
Hl-Tn.	Heultonne
Hs.	Haus
Ht.	Hütte
ht.	hart
H.W.	Hochwasser

I

I.	Insel(n)
I.	Institut

J

Jährl. Änd.	Jährliche Änderung

K

K.	Kap
K.	Kies
ka.	kalkig
Kan.	Kanadisch
Kan.	Kanal
Kas.	Kaserne
Kb-Bk.	Kabelbake(n)
Kbblg.	Stromkabbelung

Kblg.	*Kabellänge*
Kb-Tn.	*Kabeltonne*
kl.	*klein*
Klp.	*Klippe(n) Unterwasserklippe(n)*
kl. St.	*kleine Steine*
km	*Kilometer*
kn	*Knoten*
Kor.	*Korallen(riff)*
Kpl.	*Kapelle*
Kr.	*Kirche*
Kr.	*Kreide*
Krhs.	*Krankenhaus*
Krz.	*Kreuz, Bildstock*
Kst-W.	*Küstenwache*
Ku.	*Kuppel*

L

Laz.	*Lazarett*
Lcht-Tm.	*Leuchtturm*
Ld.	*Land*
Ldg-Brk.	*Landungsbrücke(n)*
Ldg-Pl.	*Landungsplatz*
Lft-F.	*Luftfahrtfeuer*
Lfv.	*Leuchtfeuerverzeichnis*
Lg.	*Länge*
L-S.	*Lotsenstelle*
Lt-F.	*Leitfeuer*
Lv.	*Lava*

M

M.	*Muscheln*
M.	*Windmühle*
m	*Meter*
0^m	*Minute (Zeit)*
m^2	*Quadratmeter*
m^3	*Kubikmeter*
Mdg.	*Mündung*
Meß-G.	*Meßgerät*
Mgl.	*Mergel*
Mi.	*Mischfeuer*
Mißw.	*Mißweisung*
Mk.	*Farbfleck, Marke*
Ml-Bk.	*Meilenbake(n)*
Ml-Tn.	*Meilentonne*
mm	*Millimeter*
M.Np.H.W.	*Mittleres Nipphochwasser*
M.Np.N.W.	*Mittleres Nippniedrigwasser*
Mo.	*Morsefeuer*
M.Sp.H.W.	*Mittleres Springhochwasser*
M.Sp.N.W.	*Mittleres Springniedrigwasser*
Mst.	*Mast(en)*
mt.	*mittlere*
Mt-F.	*Mittelfeuer*
Mun-Vers-Gbt.	*Munitionsversenkungsgebiet*
M.W.	*Mittelwasser*

N

N	*Nord*
Neusl.	*Neuseeländisch*
NF	*Nautischer Funkdienst*
NfS	*Nachrichten für Seefahrer*
Nied.	*Niederländisch*
N-L.	*Nebelleuchte*
N-lich	*nördlich*
NO	*Nordost*
Nor.	*Norwegisch*
Not-S.	*Notsignalstelle*
Nr.	*Nummer*
N-S.	*Nebelschallstation*
N-Such-F.	*Nebelsuchfeuer*
N.W.	*Niedrigwasser*
NW	*Nordwest*

O

O	*Ost*
Ob-F.	*Oberfeuer*
Obs.	*Observatorium*

od.	oder
O-lich	östlich
Öl-T.	Öltank(s)
or.	orange, bernsteinfarben

P

PA	Position angenähert
P-A.	Postamt
Pag.	Pagode
PD	Position zweifelhaft
Pf.	Pfahl, Pfeiler, Pfosten
Pgl.	Pegel
priv.	privat
Pt.	Pteropoden
Pyr.	Pyramide

Q

Qm-F.	Quermarkenfeuer
Qrt-Ankpl.	Quarantäne-Ankerplatz
Qrt-S.	Quarantänestation
Qrt-Tn.	Quarantänetonne
Qu.	Quarz

R

R.	QTG-Küstenfunkstelle
R.	Riff
r.	rot
Ra.	Radarstation
,,	Radar, Radarantenne
Ra-Bk.	Radarantwortbake
Racon	Radarantwortbake
Ra-Ku.	Radarkuppel
Ramk.	Ramark
Ra-Mst.	Radarmast
Ra-Tm.	Radarturm
RC.	Kreisfunkfeuer
RC.(Aero)	Flugfunkfeuer
Rcht-Bk.	Richtbake(n)
Rcht-F.	Richtfeuer
RD.	Richtfunkfeuer
Rd.	Radiolarien
Rd.	Reede
Res. Ankpl.	Reservierter Ankerplatz
RG.	Funkpeilstelle
Rgd.	Riffgrund
R-S.	Rettungsbootstation
,,	Rettungsstelle
,,	Raketenstelle
Ru.	Ruine
RW.	Consolfunkfeuer
,,	Drehfunkfeuer

S

0^s	Sekunde (Zeit)
S.	Stelle, Station
S	Süd
s.	schwarz
Sc.	Schlacken
Sch.	Schill
Sch-H.	Schiffahrtshindernis(se)
Schl.	Schlamm
Schl.	Schloß
Schls.	Schleuse(n)
Schp.	Schuppen
Schst.	Schornstein(e)
Schütt-S.	Baggerschütt- oder Schüttstelle
schw.	schwach
Schw.	Schwamm
Schw.	Schwedisch
Schw-Dock	Schwimmdock
Sd.	Sand
Sd.	Sund
SD	Tiefenangabe zweifelhaft
Sdkor.	Sandkoralle
Sem.	Semaphor
SFkl.	Schnelles Funkelfeue
Sgn.	Signal, Zeichen
Sgnmst.	Signalmast
Sgn-S.	Signalstelle
,,	Internationale Signalstelle

Sgn-S.	*Lloydssignalstelle*
"	*Marinesignalstelle*
"	*Schiffsmeldedienst*
"	*Semaphorstelle*
Shb.	*Seehandbuch*
Siehe Krt.	*Siehe Karte(n)*
Sk.	*Schlick*
sk.	*schlickig*
skr.	*senkrecht*
S-lich	*südlich*
Slp.	*Schlipp, Aufschleppe*
SMt	*Seamount*
sm	*Seemeile*
SO	*Südost*
Sp.	*Spitze*
S.	*Sankt*
S^{t}.	*Steine*
st.	*steinig*
Stg.	*Seetang*
Str.	*Straße*
Strm-S.	*Sturmsignalstelle*
"	*Orkansignalstelle*
"	*Taifunsignalstelle*
Strom-S.	*Stromsignalstelle*
SW	*Südwest*
T	
T.	*Ton*
t	*Tonne (Gewicht)*
Tfl.	*Tafel(n)*
Tg-F.	*Tagesfeuer*
tlws.	*teilweise*
Tm.	*Turm, Türme*
Tm-Bk.	*Turmbake*
Tp.	*Tempel*
T.P.	*Trigonometrischer Punkt*
Tr-Dock	*Trockendock*
trfall.	*trockenfallend*
T-S.	*Telegrafenstelle*
Tst.	*Tuffstein*

U	
u., &, +	*und*
u. a.	*und andere*
Ubr.	*Unterbrochenes Feuer*
Ubr.(2)	*Unterbrochenes Gruppenfeuer*
Ubr.(2+3)	*Kombiniertes unterbrochenes Gruppenfeuer*
U-F.	*Unterfeuer*
Umschlpl.	*Umschlagplatz*
ungf.	*ungefähr*
Unr.	*Unrein*
Unr. Gd.	*Unreiner Grund*
Unr. (Mun.)	*Unrein (Munition)*
Uns. Mißw.	*Unsichere Mißweisung*
Untf.	*Untiefe*
Untsg-Ankpl.	*Untersuchungs-Ankerplatz*
usw.	*und so weiter*
U-Wss-Gl.	*Unterwasserglocke*
V	
v.	*vulkanisch*
Va.	*Vulkanasche*
vdklt.	*verdunkelt*
verb.	*verboten*
Verb. Gbt.	*Verbotenes Gebiet*
viol.	*violett*
vrd.	*verdeckt*
vrsdt.	*versandet*
vrst.	*verstärkt*
V-S.	*Verkehrssignalstelle*
"	*Barresignalstelle*
"	*Brückensignalstelle*
"	*Fahrwasserstörungs-Sgn-S.*
"	*Hafensignalstelle*
"	*Reedesignalstelle*
"	*Schleusensignalstelle*
"	*Seezeichensignalstelle*
"	*Sperrsignalstelle*
"	*Spülsignalstelle*
vsw.	*versuchsweise*

W

W.	*Wache*
w.	*weiß*
W	*West*
Warn-F.	*Warnfeuer*
Warn-S.	*Warnsignalstelle*
,,	*Wracksignalstelle*
,,	*Schießübungs-Sgn-S.*
,,	*Wasserflugzeug-Sgn-S.*
wch.	*weich*
Wchs. w. r.	*Wechselfeuer weiß-rot*
Wchs.Ubr.w.r.	*Unterbrochenes Wechselfeuer weiß-rot*
Wchs.Blk.w.r.	*Blinkwechselfeuer weiß-rot*
Wchs.Blz.w.r.	*Blitzwechselfeuer weiß-rot*
Wchs.(2)w.gn.	*Wechselgruppenfeuer weiß-grün*
wgr.	*waagerecht*
Wk	*Wrack(e)*
W-lich	*westlich*
W-S.	*Windsignalstelle*
,,	*Wettersignalstelle*
Wss-S.	*Wasserstands-Signalstelle*
Wss-T.	*Wassertank*
Wss-Tm.	*Wasserturm*
W-Tm.	*Wachtturm*

Z

z.	*zäh*
zbr.	*zerbrochen*
Zgl.	*Ziegelei*
Zoll-A.	*Zollamt*
Zoll-S.	*Zollstelle*
Zoll-W.	*Zollwache*
zrst.	*zerstört*
Z-S.	*Zufluchtsstelle für Schiffbrüchige*
Ztbl.	*Zeitball*
Zt-S.	*Zeitsignalstelle*
ztwl.	*zeitweilig*
ztws.	*zeitweise, gelegentlich*

Am linken unteren Kartenrand befinden sich Angaben über die Größe des Kartenbildes, so daß Kartenverzerrungen, die zum Beispiel durch Feuchtigkeit entstanden sind, erkannt werden können. In der linken unteren und rechten oberen Ecke ist die Nummer der Karte eingedruckt. Am unteren Kartenrand stehen Angaben über kleine Berichtigungen, das Jahr der ersten Ausgabe der Karte sowie das Jahr der letzten neuen Ausgabe.
Auf einem freien Platz der Karte sind angegeben: der Titel der Karte, ihr Maßstab, Höhen- und Tiefenangaben.
An einer oder mehreren Stellen sind Kompaßrosen mit der Angabe der örtlichen Mißweisung und jährlichen Änderung eingedruckt.

Berichtigung

Da vor allem Betonnung und Befeuerung sich ändern können, müssen wir darauf achten, daß die Seekarte bis zum Kauftag *berichtigt* ist. Die entsprechenden Angaben finden wir am unteren Rand außerhalb des Gradnetzes.
Zuverlässige Navigationsunterlagen bleiben diese Karten freilich nur dann, wenn sie vor der späteren Verwendung erneut berichtigt werden. Dafür gibt es drei Möglichkeiten:

- Man abonniert die *Nachrichten für Seefahrer,* die die Änderungsanweisungen für die deutschen und ausgewählte ausländische Seekarten sowie für nautische Bücher enthalten. Sie erscheinen wöchentlich.
- Man überträgt diese Arbeit einem *Seekartenberichtigungsinstitut,* wie es sie in Hamburg, Bremen und Kiel gibt.
- Man abonniert für das betreffende Seegebiet *Berichtigungspausen,* in denen die Veränderungen zeichnerisch dargestellt sind. Sie erscheinen quartalsweise.

Schnell zu verbreitende Nachrichten werden durch Aushang in den Schifffahrtsbehörden und gegebenenfalls auch als Warnnachrichten über den Rundfunk verbreitet.
Die Seekarten enthalten nur die Sommerbetonnung. Die Winterbetonnung ist aus dem vom DHI herausgegebenen Heft *Winterbetonnung der Küstengewässer der Bundesrepublik Deutschland* (westliche Ostsee und Nordsee) zu ersehen, das jährlich erscheint.

6. Seebücher

Unmöglich kann die Seekarte alle Angaben enthalten, die über Feuer, Tonnen, Küste, Ansteuerung usw. zu machen sind. Es stehen uns daher darüber hinaus die *See*bücher des DHI zur Verfügung, wie Leuchtfeuerverzeichnisse, Seehandbücher und Gezeitentafeln.

Leuchtfeuerverzeichnisse

Die Leuchtfeuerverzeichnisse erscheinen in der Regel jährlich. Die Leuchtfeuer der verschiedenen Seegebiete werden darin ausführlich beschrieben. Von den 14 Teilen dieses Werkes kommen für unsere Gewässer folgende in Frage:

Teil I A	Ostsee, mittlerer Teil
Teil II	Ostsee, SW-licher Teil und Gewässer zwischen Ost- und Nordsee
Teil III A	Nordsee, S-licher Teil

Auch für die Leuchtfeuerverzeichnisse geben die *Nachrichten für Seefahrer* die Änderungen bekannt.
Innerhalb eines Meeres sind die Leuchtfeuer mit einer laufenden Nummer versehen, wie sie an der Küste aufeinanderfolgen. Diese Nummer wird auch in der *Namenliste der Leuchtfeuer* genannt, so daß ein Auffinden des Feuers im Verzeichnis nach der jeweiligen Nummer keine Schwierigkeit macht.
Achtung: Das Buch enthält außer den Leuchtfeuern noch ein *Verzeichnis der Signalstellen,* das eine gesonderte Namenliste hat! Wir müssen die Namenliste *vor* dem blauen Einschlußblatt mit dem Aufdruck „Anhang" benutzen.

Zum Beispiel Helgoland: laufende Nummer 07200.
Schlagen wir diese Nummer auf, finden wir in der linken Spalte den Namen und die Beschreibung des Feuerträgers, seine Höhe, seinen Standort und seine geographische Lage. Die rechte Spalte enthält die Kennung des Feuers, die Wiederkehr in Sekunden sowie die Nenntragweite in Seemeilen, gegebenenfalls in Klammern die Sichtweite und die Höhe des Feuers über Wasser in Metern.

Seehandbücher

Weitergehende Informationen über Fahrwasser, Ansteuerungen und Ankerplätze, Klima und Wetter, Seegang und Strömung, über Lotswesen usw. enthalten die Seehandbücher.
Zu diesen Büchern, die nur in größeren Abständen neu gedruckt werden, erscheinen etwa alle zwei Jahre *Nachträge* mit den Änderungen, die sich zwischenzeitlich ergeben haben.

Gezeitentafeln

In Tidengewässern wie zum Beispiel der Nordsee brauchen wir für die Navigation genaue Angaben über die Hoch- und Niedrigwasserzeiten. Diese finden wir in den jährlich erscheinenden Gezeitentafeln. Wie wir damit umzugehen haben, lernen wir in Kapitel V.

7. Zeichenmaterial

Damit wir unsere nautische Ausrüstung zusammenhaben, fehlt nur noch das Zeichenmaterial.
Für das Arbeiten in der Seekarte brauchen wir

- einen Kartenzirkel,
- zwei Kursdreiecke,
- Bleistift und Radiergummi.

Der Zirkel – wir benutzen einen guten Kartenzirkel, wie wir ihn in den nautischen Handlungen erhalten – soll zum Absetzen und Herausnehmen von Entfernungen dienen, muß also recht große Schenkel haben. Die beiden Spitzen dürfen nicht zu spitz sein, damit die Karte beim Arbeiten nicht beschädigt wird.
Die Kursdreiecke – Abb. 33 zeigt ein Muster – brauchen wir zum Herausnehmen und Eintragen von Kursen und Peilungen. Sie müssen durchsichtig sein und dürfen sich nicht verziehen.
Ein Parallellineal, wie es früher vielfach benutzt wurde, soll nicht verwandt werden.

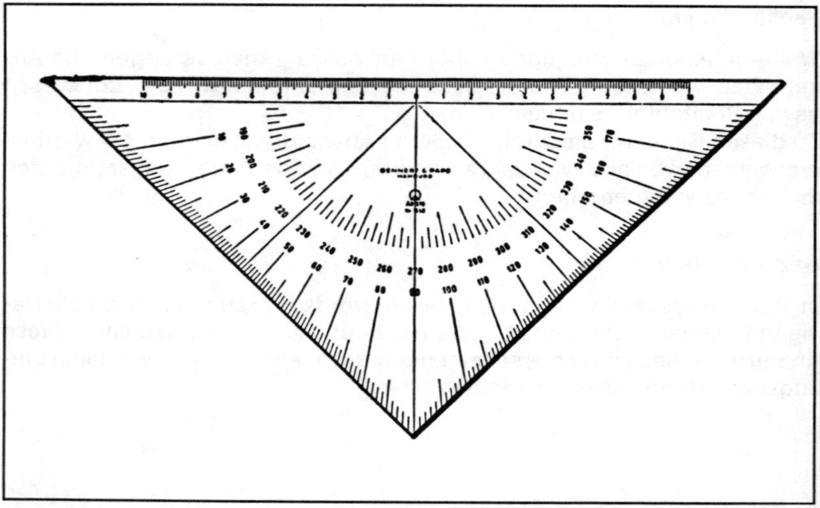

Abb. 33 Kursdreieck

Der Bleistift darf nicht schmieren; er muß daher hart sein, möglichst auch kantig, damit er beim Arbeiten des Schiffes nicht wegrollt.
Der Radiergummi muß sehr gut sein; er darf die Karte nicht beschädigen (Plastikradierer).

II. Seezeichen und Landmarken

Was steht uns außerhalb des Schiffes als Hilfsmittel für die Schiffsführung und Schiffsortbestimmung zur Verfügung?

1. Tagzeichen

Die Schiffsführung in den Küstengewässern wird durch Landmarken und Seezeichen, nachts durch Feuer, erleichtert, deren genaue Kenntnis also erforderlich ist.
Wir haben schon gesehen, daß die Seekarten alle auffallenden Landmarken angeben, also Kirchen, Hügel, Türme, alleinstehende Bäume und was es sonst an auffälligen Marken an Land geben mag.
Die Seehandbücher enthalten wertvolle Hinweise gerade über die Landmarken und ihre Brauchbarkeit. Ergänzt wird das Ganze durch *Küstenansichten* – zeichnerische Darstellungen der anzusteuernden Küste mit den Landmarken, so wie sie sich uns bietet, wenn wir uns nähern (Abb. 34). Es empfiehlt sich, diese Angaben gründlich zu studieren, wenn man eine fremde Küste ansteuert.
Da diese zufällig vorhandenen Landmarken meist nicht ausreichen, haben die einzelnen Länder künstliche Marken, sogenannte *Seezeichen,* an Land angebracht oder schwimmend vor der Küste ausgelegt.
Diese Seezeichen und Landmarken wollen wir nun genau studieren, zunächst die Tagzeichen.
Es sei vorweg erwähnt, daß wir uns nur mit dem neuen, vereinheitlichten Betonnungssystem ,,A'' befassen, das unter anderem 1978 in der Nordsee eingeführt wurde (Ostsee = 1980). Es handelt sich dabei um ein kombiniertes kardinales und laterales System, mit dem folgendes gekennzeichnet wird:

- seitliche Grenzen von Schiffahrtswegen
- natürliche Gefahren und andere Hindernisse (beispielsweise Wracks)
- für die Schiffahrt wichtige Gebiete
- neu auftretende Gefahrenstellen

Abb. 34 Küstenansicht

Wenn auch das Betonnungssystem „A" im Laufe der Zeit von den meisten Ländern übernommen wird, so empfiehlt es sich doch, vor Antritt einer Reise in ein fremdes Seegebiet das entsprechende Seehandbuch zu studieren.
Als Hilfsmittel dienen

- schwimmende Seezeichen und
- feste Seezeichen.

Schwimmende Seezeichen

Schwimmende Seezeichen sind Feuerschiffe und Tonnen.
Bei *Feuerschiffen* handelt es sich um eigens für ihren Zweck erbaute und deutlich als solche gekennzeichnete Schiffe, die an schiffahrtswichtigen Punkten verankert werden – wie zum Beispiel das Feuerschiff „Elbe 1" vor der Elbmündung (Abb. 35).

Bei Dunkelheit und unsichtigem Wetter zeigen sie ein Leuchtfeuer, und sie geben Nebelsignale.

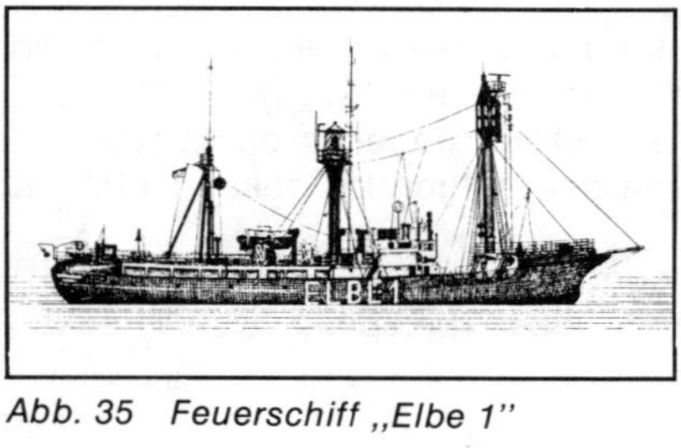

Abb. 35 Feuerschiff „Elbe 1"

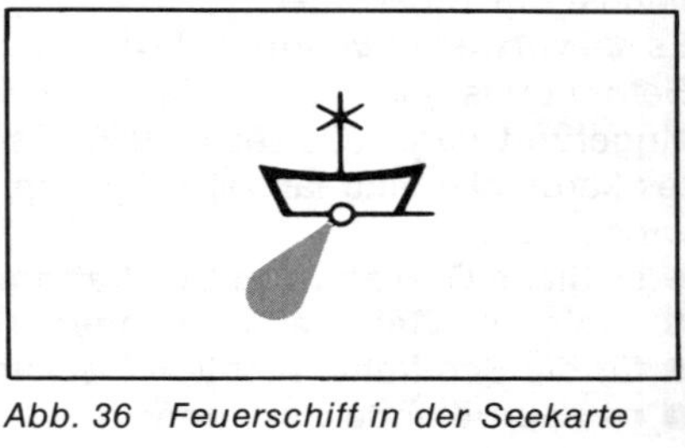

Abb. 36 Feuerschiff in der Seekarte

In der Seekarte sind Feuerschiffe wie überhaupt alle Seezeichen verhältnismäßig viel zu groß gezeichnet. Der kleine Kreis in der Wasserlinie ist die Stelle, an der das Feuerschiff liegt, wo also der Zirkel einzusetzen ist (Abb. 36). Das (weiße) Feuer wird in Seekarten mit Dreifarbenkolorit durch eine gelbe „Birne", in solchen mit Einfarbenkolorit durch eine violette „Birne" kenntlich gemacht.

Bei den *Tonnen* unterscheidet man je nach ihrer Form zwischen Leucht-, Baken-, Spieren-, Spitz-, Stumpf-, Kugel-, Faß- und Kleintonnen (Abb. 37). Darüber hinaus gibt es noch Heul- und Glockentonnen.

Als Toppzeichen der Tonnen (wenn vorhanden) gibt es verschiedene Formen, zum Beispiel Kegel, Zylinder, Bälle (Abb. 38).

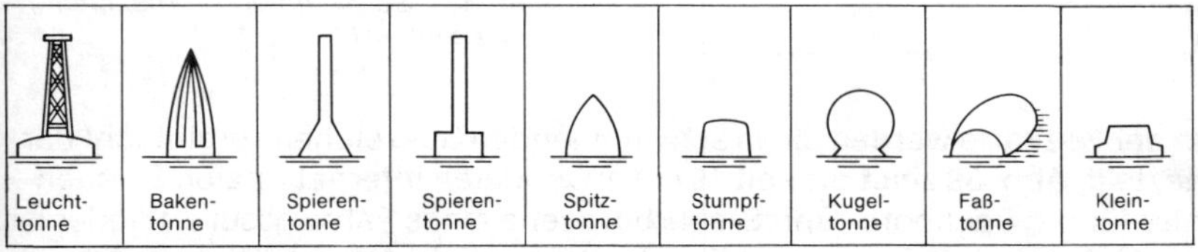

Abb. 37 Schwimmende Seezeichen

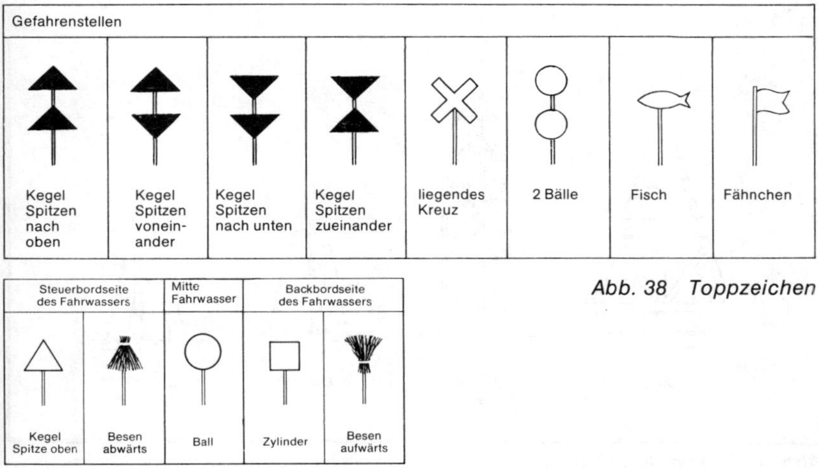

Abb. 38 Toppzeichen

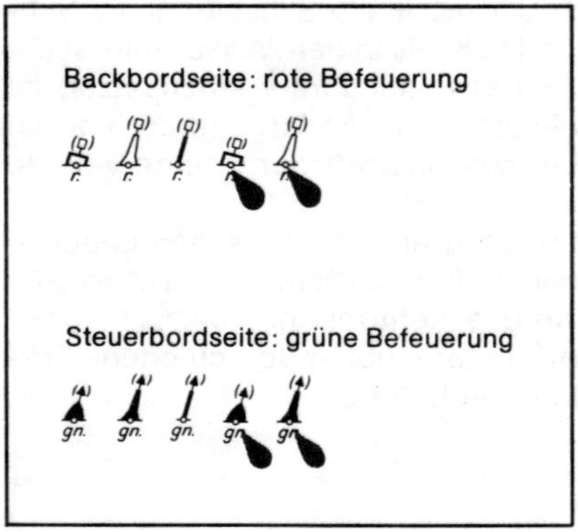

Abb. 39 Schwimmende Seezeichen in der Seekarte

In der Seekarte werden diese schwimmenden Seezeichen vereinfacht dargestellt. Abb. 39 zeigt die seit 1978 verwendeten internationalen Zeichen – hier für die Backbord- und Steuerbordseite eines Fahrwassers. Wieder ist der kleine Kreis unten in der Mitte der Wasserlinie der wahre Lageort. Noch deutlicher veranschaulicht das der beigefügte Ausschnitt aus der Seekarte D.50^{D}.

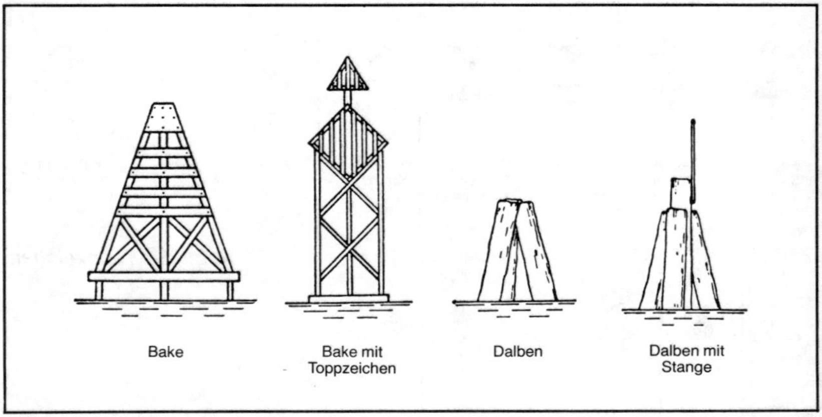

Abb. 40 Feste Seezeichen

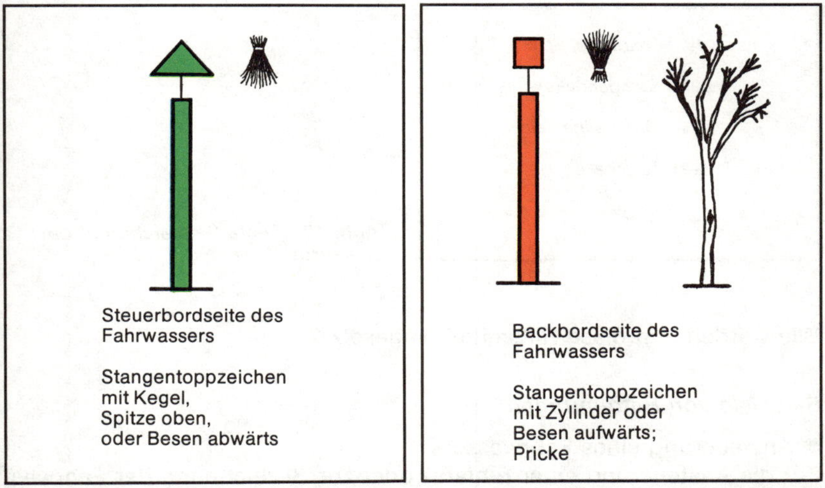

Abb. 41 Markierung eines Nebenfahrwassers mit Stangen und Pricken (feste Seezeichen)

Feste Seezeichen

Als feste Seezeichen an Land kennen wir vor allem die *Leuchttürme,* die weithin sichtbar, an auffälliger Stelle stehend, die wichtigsten Ansteuerungszeichen darstellen. Die Leuchttürme eines Küstenbereichs sind absichtlich sehr unterschiedlich in Form, Farbe und Material, damit man sie daran eindeutig ausmachen kann. Sie lassen sich im übrigen mit Hilfe der Seekarte sowie von Seehandbuch und Leuchtfeuerverzeichnis identifizieren.

Weitere feste Seezeichen sind *Baken, Dalben, Stangen* und *Pricken* (Abb. 40 und 41).

Nebenfahrwasser werden oft nur durch *Stangenseezeichen* markiert, die ein Toppzeichen tragen, oder aber auch durch Pricken, junge Bäume oder Baumzweige, die ebenso wie die Stangen in den Grund gesteckt werden (Abb. 41).

Zeichen und Abkürzungen für Baken und Pricken in der Seekarte zeigt Abb. 42.

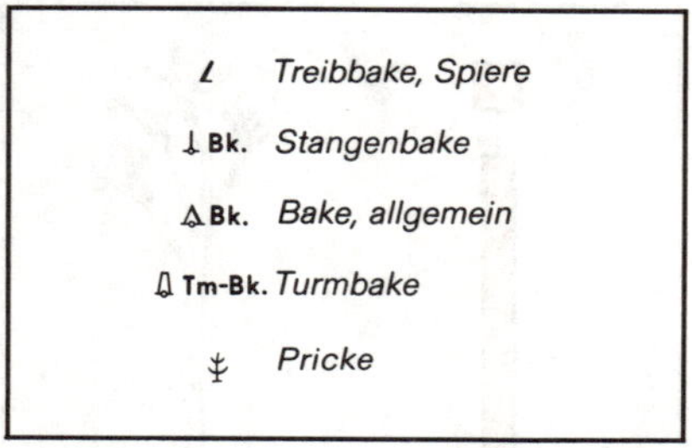

Abb. 42 Feste Seezeichen in der Seekarte

Wie werden nun diese Hilfsmittel eingesetzt?

Beispiele von Betonnungen

● Ansteuerung eines Fahrwassers
Für die Ansteuerung einer Einfahrt oder zur Bezeichnung der Fahrwassermitte dienen häufig an Land hintereinander stehende Objekte oder Baken, die in Deckung gehalten werden müssen (das Seehandbuch gibt derartige Hilfen an).

● Bezeichnung der Fahrwasserseiten (laterale Zeichen)
An der Steuerbordseite des Fahrwassers liegen grüne Spitztonnen, Leuchttonnen oder Stangen (Abb. 43).

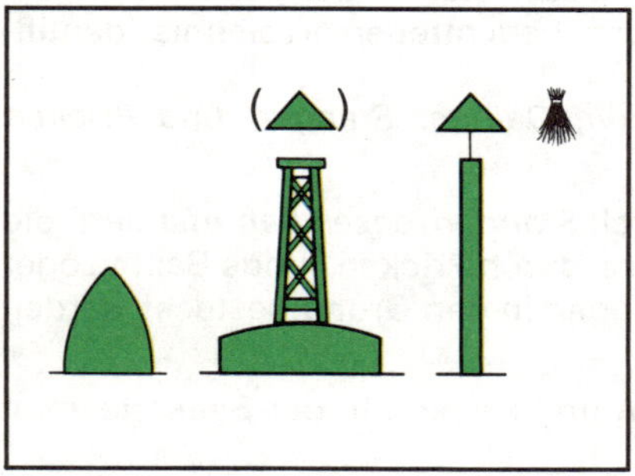

Abb. 43 Schiffahrtszeichen, die die Steuerbordseite des Fahrwassers bezeichnen

Abb. 44 Schiffahrtszeichen, die die Backbordseite des Fahrwassers bezeichnen

An der Backbordseite des Fahrwassers liegen rote Stumpftonnen, Leuchttonnen, Spierentonnen, Stangen oder Pricken (Abb. 44).

Merke: Steuerbordseite des Fahrwassers: grün und spitz.
Backbordseite des Fahrwassers: rot und stumpf.

Toppzeichen werden nur dann angebracht, wenn es erforderlich ist. Dann gelten folgende Regeln:

Steuerbordseite des Fahrwassers: grüner Kegel, Spitze nach oben, oder Besen abwärts; Stangen sind immer mit Toppzeichen versehen.

Backbordseite des Fahrwassers: roter Zylinder oder Besen aufwärts; Stangen sind immer mit Toppzeichen versehen.

Auch für die Toppzeichen gilt: Steuerbordseite = grün und spitz, Backbordseite = rot und stumpf.

Wir wollen nun aber nicht nur die Grenzen des Fahrwassers erkennen können, sondern auch die Stelle des Fahrwassers, an der wir uns gerade befinden. Die Tonnen sind daher in der Regel an Steuerbord mit fortlaufenden ungeraden Ziffern (1, 3, 5 usw.), an Backbord mit fortlaufenden geraden Ziffern (2, 4, 6 usw.) versehen – und zwar von See beginnend.

Als Steuerbordseite des Fahrwassers gilt jene Seite, die das Schiff an Steuerbord hat, wenn es von See kommt.

Sind zwei Gewässer durch ein Fahrwasser verbunden, dann ist mit Steuerbord die Seite gemeint, die dasjenige Schiff an Steuerbord hat, das von Westen kommt.

Werden zusätzliche Tonnen eingeschoben, so erhalten die Ziffern einen angehängten kleinen Buchstaben, also zum Beispiel 1a, 1b, 1c.
Merke: Steuerbordseite des Fahrwassers: ungerade Ziffern.
Backbordseite des Fahrwassers: gerade Ziffern.

● Bezeichnung der Fahrwassermitte
Für die Bezeichnung der Fahrwassermitte dienen Kugeltonnen, Leuchttonnen, Spierentonnen oder Stangen mit roten und weißen senkrechten Streifen (Abb. 45). Toppzeichen (wenn vorhanden): roter Ball; Spierentonnen und Stangen sind immer mit Toppzeichen versehen.

Abb. 45 Mitte-Fahrwasser-Zeichen

● Allgemeine Gefahrenstellen
Allgemeine Gefahrenstellen (Untiefen, Wracks, Buhnen oder sonstige Schiffahrtshindernisse) werden mit kardinalen, seltener lateralen Zeichen gekennzeichnet. Man verwendet sie innerhalb und außerhalb von Fahrwassern.
Kardinale Zeichen geben an, an welcher Seite eine Gefahrenstelle oder ein Hindernis am günstigsten passiert werden kann. Das Seegebiet um die Gefahrenstelle wird dazu in vier Quadranten aufgeteilt, in den Nord-, Ost-, Süd- und Westquadranten, in denen diese Zeichen liegen (Abb. 46).

Doch nicht immer sind alle Quadranten, sondern nur die für die Schiffahrt wichtigen kenntlich gemacht.
Zur Kennzeichnung allgemeiner Gefahrenstellen dienen Leuchttonnen, Bakentonnen, Spierentonnen oder Stangen. Sie sind stets schwarz-gelb waagerecht gestreift.
Das zweite besondere Merkmal dieser kardinalen Zeichen ist das schwarze Doppelkegeltoppzeichen.
★ Nordquadrant – Tonnenfarbe: Schwarz über Gelb, Toppzeichen: zwei schwarze Kegel übereinander, Spitzen nach oben.

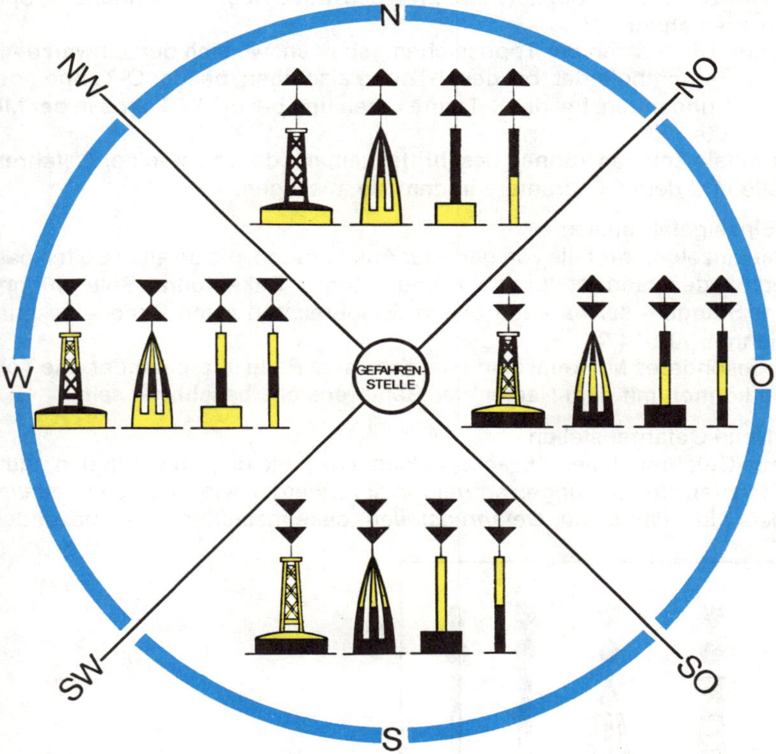

Abb. 46 Betonnung einer allgemeinen Gefahrenstelle

★ Ostquadrant – Tonnenfarbe: Schwarz mit einem breiten waagerechten gelben Band, Toppzeichen: zwei schwarze Kegel übereinander, Spitzen voneinander.

★ Südquadrant – Tonnenfarbe: Gelb über Schwarz, Toppzeichen: zwei schwarze Kegel übereinander, Spitzen nach unten.

★ Westquadrant – Tonnenfarbe: Gelb mit einem breiten waagerechten schwarzen Band, Toppzeichen: zwei schwarze Kegel übereinander, Spitzen zueinander.

Merke: Die Spitzen der Toppzeichen geben an, wo sich der schwarze Anstrich befindet, bei der N-Tonne also oben, bei der O-Tonne oben und unten, bei der S-Tonne unten und bei der W-Tonne in der Mitte.

Kardinale Zeichen können beschriftet sein mit dem Namen der Gefahrenstelle und dem Quadranten, in dem sie ausliegen.

● Einzelgefahrstellen

Eine Einzelgefahrstelle von geringer Ausdehnung, die an allen Seiten passiert werden kann, ist durch eine Leuchttonne, Bakentonne, Spierentonne oder Stange – schwarz mit einem waagerechten roten Band – gekennzeichnet (Abb. 47).

Ihr besonderes Merkmal sind zwei schwarze Bälle übereinander. Die Tonnen können mit dem Namen der Gefahrenstelle beschriftet sein.

● Neue Gefahrenstellen

Neue Gefahrenstellen (Wracks, Felsen usw.), die noch nicht in den nautischen Veröffentlichungen aufgeführt sind, werden wie *Einzelgefahrstellen* oder wie *allgemeine Gefahrenstellen* gekennzeichnet. Bei besonders

Abb. 47 Betonnung einer Einzelgefahrstelle

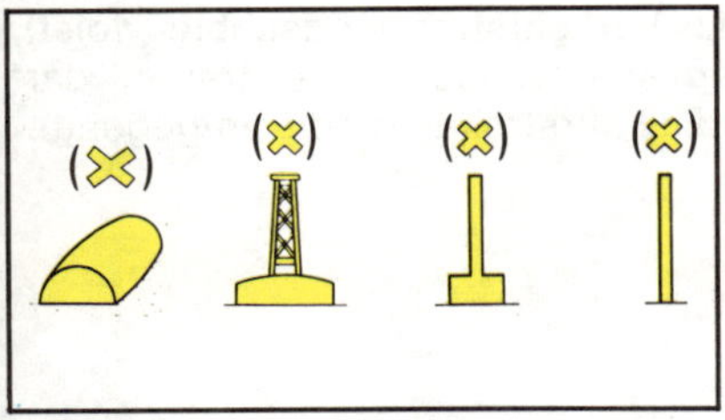

Abb. 48 Sonderzeichen

Abb. 49 Sperrgebietstonnen

schwerwiegenden Gefahren wird mindestens ein Zeichen gedoppelt, das heißt, es werden zwei gleiche Zeichen nebeneinander ausgelegt. Gegebenenfalls wird ein Zeichen mit einer Radarantwortbake mit der Kennung „W" versehen.

● Kennzeichnung besonderer Gebiete und Stellen (Sonderzeichen)
Sonderzeichen dienen nicht der Navigation, sondern kennzeichnen besondere Gebiete oder Stellen wie beispielsweise Baggerschüttstellen, militärische Übungsgebiete, ozeanographische Datensammelstellen oder Kabel- und Rohrleitungen.
Man verwendet dazu gelbe Faßtonnen, Leuchttonnen, Spierentonnen oder Stangen. Sie können mit einem gelben liegenden Kreuz als Toppzeichen versehen sein (Abb. 48).
Mit Sonderzeichen sind auch *Sperrgebiete* gekennzeichnet, mit dem Unterschied, daß die Tonnen mit einem – von oben gesehen – rechtwinkligen roten Kreuz und Stangen mit einem breiten roten Band versehen sind. Die Tonnen tragen den Schriftzug „Sperrgebiet" oder „Sperr-G." (Abb. 49).

Verkehrstrennungsgebiete
Um auf vielbefahrenen Gewässern der Kollisionsgefahr zu begegnen, wurden zur Sicherheit der Schiffahrt sogenannte Verkehrstrennungsgebiete eingerichtet.
So gibt es in der Deutschen Bucht, wie aus dem beigefügten Kartenausschnitt ersichtlich, für tiefgehende Schiffe den sogenannten TW-Weg (Tiefwasserweg), der von Westen auf das Feuerschiff „Deutsche Bucht" zuführt. Dieser Tiefwasserweg ist wie ein Fahrwasser betonnt: an Backbord rot, an Steuerbord grün – von Westen kommend.

In Seekarten mit Einfarbenkolorit ist das Verkehrstrennungsgebiet violett, in solchen mit Dreifarbenkolorit rot dargestellt. Dieser „Mittelstreifen" darf nicht befahren werden; er dient dazu, die Fahrstreifen für die entgegengesetzten Richtungen zu trennen.

2. Nachtzeichen

Leuchtfeuer

Auch dem Schiff, das sich nachts der Küste nähert, muß ein rechtzeitiges Erkennen seines Schiffsortes ermöglicht werden. An der Küste sind deshalb weittragende *Leuchtfeuer* aufgestellt oder Feuerschiffe und Leuchttonnen ausgelegt.

Tragweite und Sichtweite

Wichtig ist für uns die Entfernung von der Küste, in der wir das Feuer noch einwandfrei ausmachen können. Die Leuchtfeuerverzeichnisse geben in der rechten Spalte die *Nenntragweite* und gegebenenfalls die *Sichtweite* eines Feuers an. Was ist damit gemeint?
Die *Nenntragweite* ist die Tragweite eines Feuers, die für einen mittleren Sichtigkeitsgrad ermittelt wird, bei dem die *meteorologische Sichtweite am Tage* 10 sm beträgt. Sie ist abhängig von der Lichtstärke des Feuers.
Unter *Tragweite* versteht man denjenigen Abstand, in dem ein Feuer einen eben noch deutlichen Lichteindruck hervorruft. Sie ist abhängig von der *Lichtstärke* des Feuers und dem *Sichtwert,* dem Maß für die Lichtdurchlässigkeit der Atmosphäre.
Die geographische *Sichtweite* ist die Entfernung, aus der man ein in bestimmter Höhe über dem Meeresspiegel befindliches Ziel eben noch über die Kimm hinweg erblicken kann; die geographische Sichtweite eines Feuers ist also abhängig von der Feuerhöhe und der Augeshöhe des Beobachters.
Die Sichtweite eines Feuers wird für eine Augeshöhe von 5 m angegeben. Bekanntlich ist die Erde eine Kugel, und die Erdkrümmung verhindert, daß wir das Feuer weiter sehen, als seine Sichtweite ausmacht, obgleich es unter Umständen viel weiter *trägt.*

In Abb. 50 sieht man vom Standort 1 des Schiffes aus das Feuer A gerade in der Kimm, vom Standort 2 aus befindet es sich über der Kimm, und vom Standort 3 aus ist es überhaupt nicht auszumachen.
Je höher der Turm und je höher der Standort des Beobachters – die Höhe seines Auges, die *Augeshöhe* –, desto größer die Sichtweite. Wir haben auf unserem Schiff aber nur 2 m Augeshöhe. Was nun?
Die Leuchtfeuerverzeichnisse enthalten innerhalb des Kapitels „Einführung" eine Tafel mit der Überschrift „Abstand eines Feuers in der Kimm (Sichtweite) in Seemeilen", mit deren Hilfe wir die Sichtweite für jede Augeshöhe ermitteln können.
Nehmen wir als Beispiel Wangerooge-Seefeuer, für das im Leuchtfeuerverzeichnis Teil III A (Nordsee S-licher Teil) eine Sichtweite von 20 sm angegeben ist. Wann sehen wir dieses Feuer aus 2 m Augeshöhe in der Kimm?
Gehen wir nun in der Spalte „Augeshöhe in Meter" der genannten Tafel unter „5 m" senkrecht nach unten, bis wir 20,0 gefunden haben. Die Zahl 20,0 entspricht der in der ersten Spalte angegebenen Feuerhöhe von 55 m. Dieses 55 m hohe Feuer ist bei 2 m Augeshöhe 18,3 sm, bei 4 m 19,5 sm, bei 9 m 21,6 sm weit zu sehen.
Die Antwort lautet also: Aus 2 m Augeshöhe erscheint uns das Feuer in 18 sm Abstand in der Kimm.

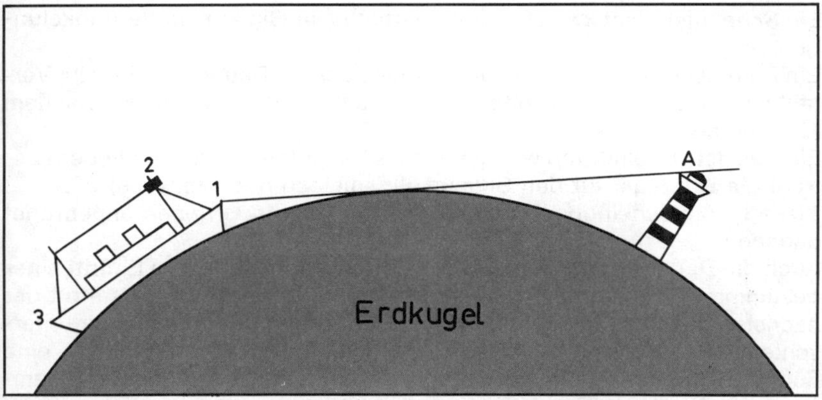

Abb. 50 Die Sichtweite in Abhängigkeit von der Augeshöhe

Es ist an sich aus einer bedeutend weiteren Entfernung auszumachen, denn die *Nenntragweite* des Wangerooge-Seefeuers beträgt 23 sm; so weit ist das Feuer also zu sehen, so weit „trägt" es.
Im Leuchtfeuerverzeichnis wird nur dann allein die Nenntragweite eines Feuers angegeben, wenn diese nicht größer als die Sichtweite für 5 m Augeshöhe ist.
Den Widerschein eines starken Feuers sieht man freilich oft schon in den Wolken, bevor es selbst „durchkommt".

Kennungen

Wenn man in stockfinsterer Nacht allein am Feuer erkennen soll, wo man ist, dann müssen die einzelnen Feuer natürlich Zeichen geben, die sich stark voneinander unterscheiden.
Unterschiede kann man erzielen, indem man die Farbe der Lichterscheinungen ändert (weiß, grün, rot) oder die Dauer der Aufeinanderfolge der Lichterscheinungen verschieden wählt.
Jedes Feuer hat eine *Kennung,* die im Leuchtfeuerverzeichnis ebenso wie in der Seekarte abgekürzt wiedergegeben ist.
Die vorübergehenden Lichterscheinungen, die durch Verdunkelungen oder Änderungen der Stärke des weißen oder farbigen Lichtes entstehen, heißen Scheine, Blinke und Blitze.
Ein *Schein* ist Licht zwischen zwei verhältnismäßig kurzen Verdunkelungen.
Ein *Blink* ist das Aufleuchten von mindestens 2 s Dauer aus einer im Verhältnis zur Lichterscheinung langen Dunkelheit oder aus schwachem Licht heraus.
Ein *Blitz* ist ein Blink von weniger als 2 s Dauer (bei deutschen Feuern beträgt die Zeitdauer für den Blitz im allgemeinen höchstens 1 s).
Diese Lichterscheinungen werden einzeln oder in Gruppen angeordnet gegeben.
Auch die Dauer des ganzen Signals – die *Wiederkehr* – vom Eintritt einer bestimmten Taktkennung (Lichterscheinung) bis zum Wiedereintritt der nächsten gleichen Taktkennung ist bei benachbarten Feuern sehr unterschiedlich, um Verwechslungen zu vermeiden. Praktisch ergibt sich eine Fülle von Möglichkeiten, aus denen die wichtigsten im folgenden zusammengestellt sind.

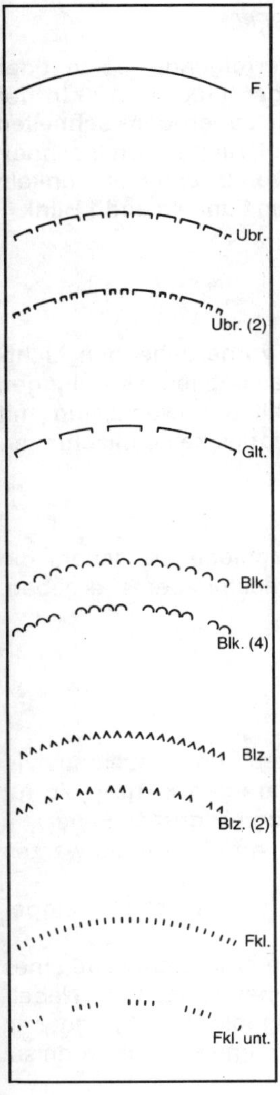

Festfeuer (F.)

Weißes oder farbiges Licht von gleichbleibender Stärke und Farbe. Rotes Festfeuer = F. r., grünes Festfeuer = F. gn.

Unterbrochenes Feuer (Ubr.)

Weiße oder farbige Scheine zwischen Verdunkelungen, entweder mit Einzelunterbrechungen oder mit Gruppen von 2 Unterbrechungen = Ubr. (2), von 3 Unterbrechungen = Ubr. (3), von 4 Unterbrechungen = Ubr. (4).

Gleichtaktfeuer (Glt.)

Weiße oder farbige Scheine abwechselnd mit Verdunkelungen gleicher Zeitdauer.

Blinkfeuer (Blk.)

Weiße oder farbige Blinke, entweder als Einzelblinke oder mit Gruppen von 2 Blinken = Blk. (2), von 3 Blinken = Blk. (3), von 4 Blinken = Blk. (4).

Blitzfeuer (Blz.)

Weiße oder farbige Blitze, entweder als Einzelblitze oder mit Gruppen von 2 Blitzen = Blz. (2), von 3 Blitzen = Blz. (3), von 4 Blitzen = Blz. (4).

Funkelfeuer (Fkl.)

Schnell aufeinanderfolgende weiße oder farbige Lichterscheinungen (60 in der Minute): Funkelfeuer mit dauerndem Funkeln = Fkl. oder mit Gruppen von 3 Funkeln = Fkl. (3), von 9 Funkeln = Fkl. (9), von 6 Funkeln und 1 Blink = Fkl. (6) + Blk. oder mit Unterbrechungen = Fkl. unt.

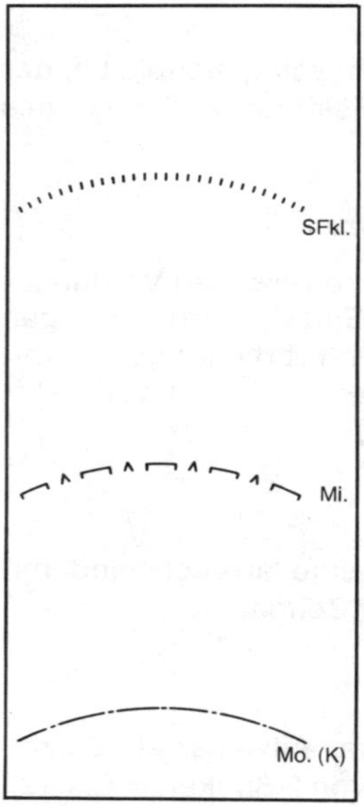

Schnelles Funkelfeuer (SFkl.)

Sehr schnell aufeinanderfolgende weiße oder farbige Lichterscheinungen (100 bis 120 in der Minute): Funkelfeuer mit dauerndem schnellen Funkeln = SFkl. oder mit Gruppen von 3 schnellen Funkeln = SFkl. (3), von 9 schnellen Funkeln = SFkl. (9), von 6 schnellen Funkeln und 1 Blink = SFkl. (6) + Blk.

Mischfeuer (Mi.)

Alle Feuer, die aus den vorhergehenden Lichterscheinungen und Farben gebildete Kennungen haben, zum Beispiel Blitze abwechselnd mit Scheinen. Hierzulande gibt es keine Mischfeuer.

Morsefeuer (Mo.)

Lichterscheinungen verschiedener Dauer, die eine Kennung des Morsealphabetes ergeben, zum Beispiel Mo. (K).

Feuer in der Karte

Ein Feuer ist in der Seekarte durch einen schwarzen Punkt bezeichnet, in solchen mit Dreifarbenkolorit jeweils mit einer farbigen Birne (gelb für weißes und gelbes Feuer, violett für rotes und grün für grünes Feuer), in solchen mit Einfarbenkolorit mit violetter Birne. An diesem schwarzen Punkt werden die Peilungen usw. angetragen.
In älteren Seekarten ist anstelle der Birne eine farbige Scheibe eingedruckt.
Zusätzlich zu der Kennung und der Nenntragweite bzw. Sichtweite eines Feuers werden in der Seekarte noch Angaben darüber gemacht, ob Nebelsignale (N-S.), Sturmsignale (Strm-S.) oder Eissignale (Eis-S.) gegeben werden. Bei einer Signalstelle steht als Abkürzung Sgn-S., auch wenn sie außerdem Sturmsignale, Wettersignale usw. gibt.

Was beim Ausmachen von Feuern zu beachten ist

★ Farbige Feuer haben eine viel geringere Sichtweite als weiße: rote Feuer nur ein Viertel, grüne sogar nur ein Sechstel des entsprechenden weißen Feuers. Stehen wir noch weitab, so kommen erst die weißen Feuer durch, so daß wir etwa ein weiß-rotes Mischfeuer für ein unterbrochenes weißes Feuer halten könnten.

★ Auch bei Feuern, die helle Lichterscheinungen in schwachem Licht zeigen, sieht man zuerst nur die hellen. Ein Festfeuer mit einem Blitz (ein Mischfeuer also) könnte zum Beispiel zunächst als Blitzfeuer erscheinen.

★ Bei großer Entfernung und schlechtem Wetter nehmen weiße Feuer ein rötliches Aussehen an, so daß sie für rote gehalten werden können.

★ Manche Feuer sind „unbewacht", Leuchttonnen zum Beispiel. Sie können vertrieben oder erloschen sein.

★ Zeitmaße können sich ändern; wichtig beim Ausmachen eines Feuers ist also vor allem die Anordnung der Lichterscheinungen.

★ Leuchttonnen und Feuerschiffe sind unter Umständen nicht so weit zu sehen wie vorgeschrieben, wenn sie sich bedingt durch Seegang oder Wind überlegen. Auf Feuerschiffen kann das Feuer bei grober See manchmal nicht so hoch geheißt werden wie erforderlich.

Beispiele von Befeuerungen

● Befeuerung eines Fahrwassers

Für die befeuerten Lateralzeichen an den Fahrwasserseiten (siehe Seite 66) gilt folgendes:

Steuerbordseite des Fahrwassers

Farbe des Feuers: grün

Kennung: Blz., Blz. (2), Ubr. (2), Ubr. (3), Fkl. oder Fkl. unt.

Backbordseite des Fahrwassers

Farbe des Feuers: rot

Kennung: Blz., Blz. (2), Ubr. (2), Ubr. (3), Fkl. oder Fkl. unt.

● Befeuerung der Fahrwassermitte

Für die befeuerten Tonnen, die die Fahrwassermitte bezeichnen (siehe Seite 68), gilt folgendes:

Farbe des Feuers: weiß

Kennung: Glt. oder Ubr.

Ober aber es werden Leitfeuer, Richtfeuer, Quermarkenfeuer oder Torfeuer benutzt.

Ein Leitfeuer (Lt-F.) ist ein Feuer, das für sich allein dadurch eine Hafeneinfahrt oder ein Fahrwasser bezeichnet, daß es in verschiedenen Richtungen (Sektoren) verschieden leuchtet (Abb. 51).

Der Sektor, der das Fahrwasser bezeichnet, der *Leitsektor,* führt stets ein weißes Festfeuer, die beiden *Warnsektoren* zu beiden Seiten sind durch ein grünes bzw. rotes Festfeuer oder durch weiße Blitzfeuer mit 1, 3, 5 bzw. 2, 4 Blitzen bezeichnet.

Steuert man ein solches Leitfeuer an, muß man Weiß voraus haben. Wird das Licht farbig oder beginnt es zu blitzen, so ist man aus dem Fahrwasser heraus: Kommt Grün durch, so ist man zu weit nach Steuerbord abgefallen, kommt rot durch, zu weit nach Backbord.

Dies gilt für das einlaufende Schiff. Das auslaufende hat naturgemäß den Steuerbord-Warnsektor an seiner Backbordseite.

In den Gebieten, wo es dunkel ist, also über den roten oder grünen Sektor hinaus – im *dunklen* Sektor –, ist das Fahren unmöglich.

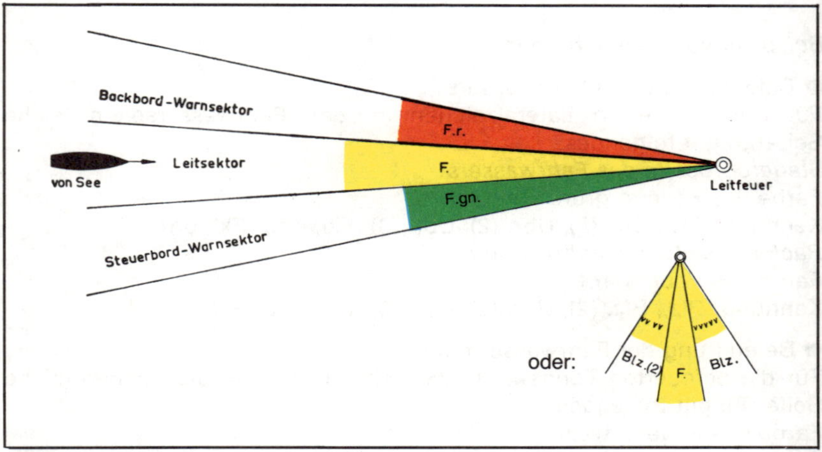

Abb. 51 Leitfeuer

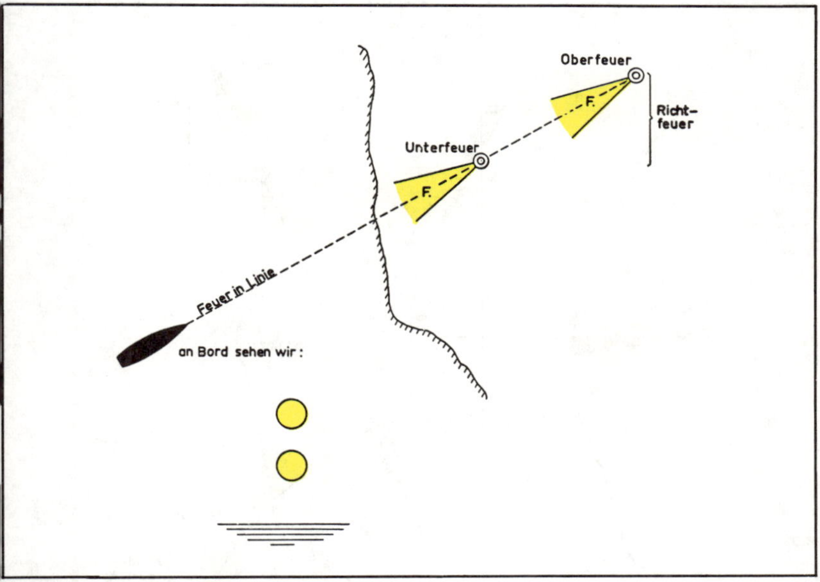

Abb. 52 *Richtfeuer*

Richtfeuer (Rcht-F.) sind Feuer, die zu zweien durch Deckpeilung ein Fahrwasser bestimmen (Abb. 52). Sie bestehen aus einem Oberfeuer und einem Unterfeuer.
Hält man die Feuer in Deckung, so befindet man sich genau in der Mitte des Fahrwassers. Kommt man heraus, so wandert das Unterfeuer zur entgegengesetzten Seite aus. Will man also im Fahrwasser rechts fahren, so muß man das Unterfeuer links vom Oberfeuer halten.
Achtung: Es kann vorkommen, daß sich das Oberfeuer im Wasser oder Eis spiegelt und so ein Unterfeuer vortäuscht.

Quermarkenfeuer sind Feuer, die durch Übergang von einer Kennung in eine andere angeben, wo man von einer Richtfeuerlinie in eine andere überzugehen hat (Abb. 53).

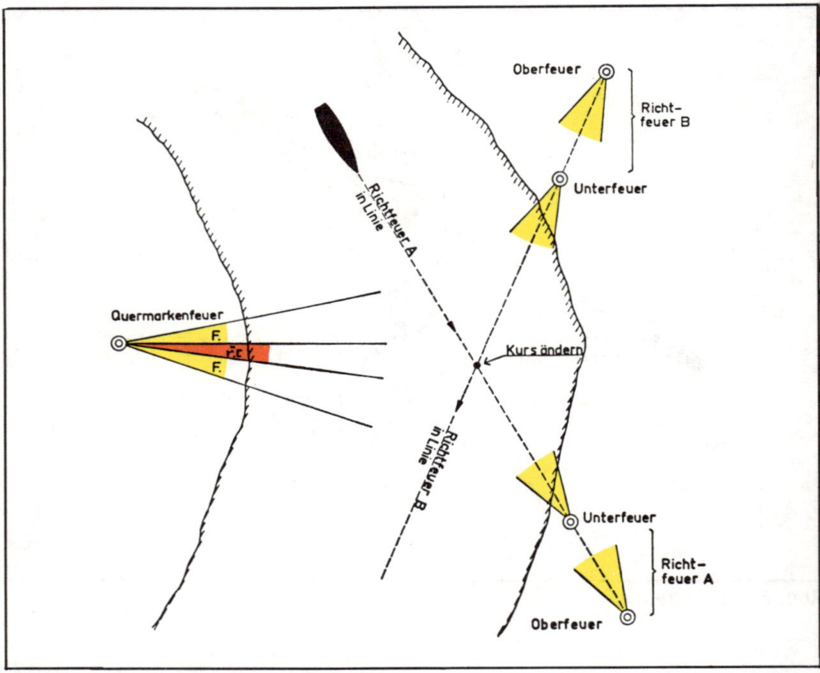

Abb. 53 Richt- und Quermarkenfeuer

Sobald man im roten Sektor des Quermarkenfeuers ist, muß man auf die neue Richtfeuerlinie übergehen, also eine Kursänderung vornehmen. Weiße Sektoren vorher und nachher sind Vorwarnungen.

Torfeuer. In manchen Revieren findet man zwei Feuer gleicher Höhe, Lichtstärke und Kennung als *Tor* an beiden Seiten des Fahrwassers angeordnet, zwischen denen man hindurchzusteuern hat. Man nennt sie Torfeuer (Abb. 54).
Manchmal sind ganze Torfeuerketten angebracht, wie etwa bei der Uferbeleuchtung des Nordostseekanals. Kommt man bei einer derartigen Uferbe-

leuchtung an eine Seite des Fahrwassers, bewegen sich die Feuer auf dieser Seite aufeinander zu, während sie auf der anderen Seite auseinanderstreben.

● Befeuerung von allgemeinen Gefahrenstellen

Die Kennungen befeuerter Kardinalzeichen (siehe Seite 68) bestehen aus weißem Funkelfeuer (Fkl.) mit 60 Lichterscheinungen pro Minute oder aus weißem schnellem Funkelfeuer (SFkl.) mit 100 bis 120 Lichterscheinungen pro Minute, und zwar im

Nordquadranten: SFkl. oder Fkl.,
Ostquadranten: SFkl. (3) oder Fkl. (3),
Südquadranten: SFkl. (6) + Blk. oder Fkl. (6) + Blk.,
Westquadranten: SFkl. (9) oder Fkl. (9).

Merke: Das Konzept der Befeuerung von 3, 6 oder 9 Funkelblitzen folgt dem Zifferblatt einer Uhr: im Ostquadranten = 3, im Südquadranten = 6 und im Westquadranten = 9 Funkelblitze.

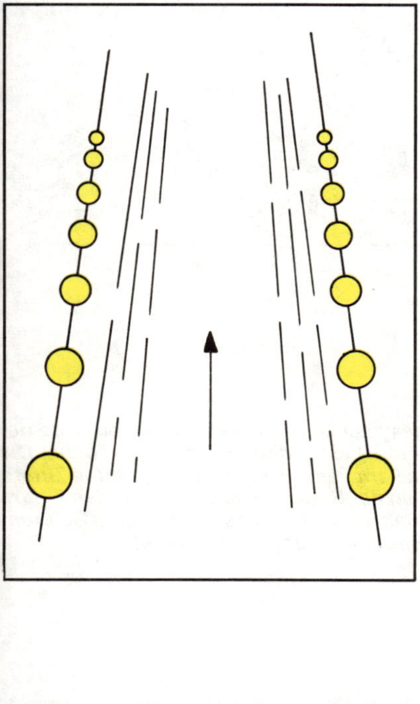

Abb. 54 Torfeuerkette

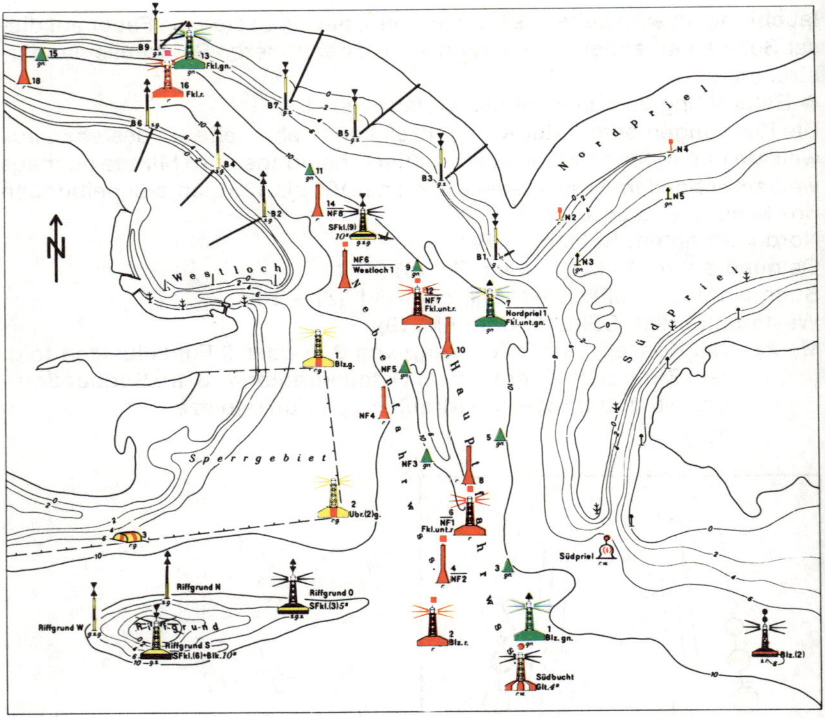

Abb. 55 Die Seezeichen des Betonnungssystems „A" in einem Beispiel aus der Praxis. Die Ansteuerungstonne „Südbucht" ist eine Mitte-Fahrwasser-Tonne. Die grünen Tonnen an der Steuerbordseite des Fahrwassers sind mit ungeraden Ziffern (1, 3, 5 usw.) bezeichnet, die roten Tonnen an der Backbordseite mit geraden Ziffern (2, 4, 6 usw.). Bei Tonne 6 zweigt ein Nebenfahrwasser ab, das bei der roten Spierentonne NF 6 „Westloch 1" wieder in das Hauptfahrwasser einmündet.

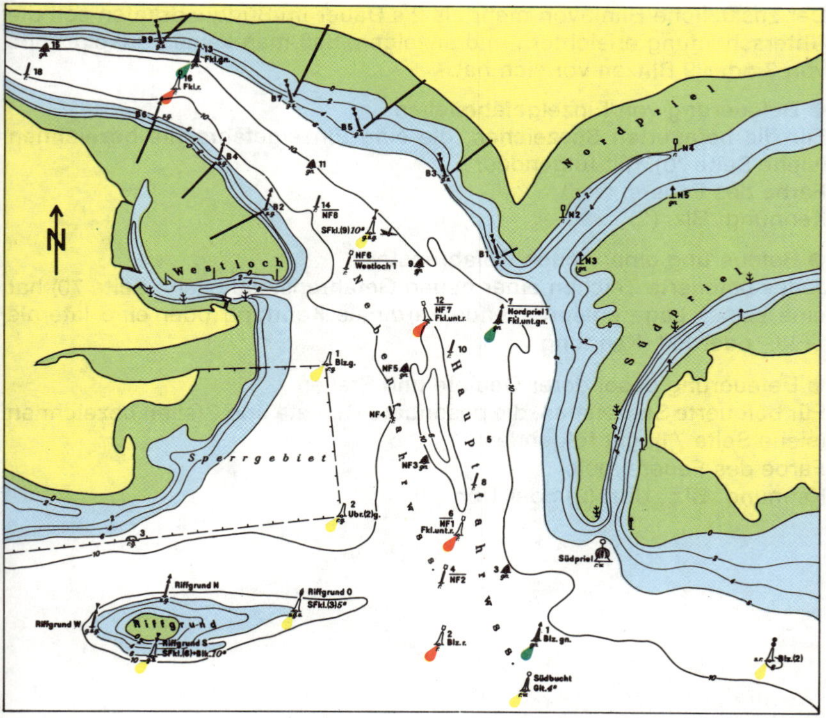

Abb. 56 Das gleiche Seegebiet wie in Abb. 55, diesmal in der Seekarte. Hier sind die Tonnen nur in Schwarz bzw. Weiß dargestellt, dafür aber mit gn. = grün, r. = rot, s. g. s. = schwarz-gelb-schwarz usw. kenntlich gemacht. Die farbigen Birnen bezeichnen die Farbe des Feuers, wobei weißes und gelbes Licht durch gelbe Farbe angegeben sind. Bei den Kürzeln wird weißes Feuer nicht durch einen Buchstaben bezeichnet. So bedeutet „Glt. 4s" (Tonne „Südbucht") weißes Gleichtaktfeuer, 4 Sekunden.

Der zusätzliche Blink von mehr als 2 s Dauer im Südquadranten soll die Unterscheidung erleichtern und anzeigen, daß man keine Funkelgruppe von 3 oder 9 Blitzen vor sich hat.

● Befeuerung von Einzelgefahrstellen
Für die befeuerten Seezeichen, die eine Einzelgefahrstelle bezeichnen (siehe Seite 70), gilt folgendes:
Farbe des Feuers: weiß
Kennung: Blz. (2)

● Befeuerung einer neuen Gefahrenstelle
Jedes befeuerte Zeichen einer neuen Gefahrenstelle (siehe Seite 70) hat eine seiner Lage entsprechende kardinale Kennung oder eine laterale SFkl.- oder Fkl.-Kennung.

● Befeuerung besonderer Gebiete und Stellen
Für befeuerte Seezeichen, die besondere Gebiete und Stellen bezeichnen (siehe Seite 71), gilt folgendes:
Farbe des Feuers: gelb
Kennung: Blz., Ubr. (2) oder Ubr. (3)

III. Wie bringe ich mein Schiff zum Ziel?

1. Die Bestimmung des Kurses

Was bedeutet der Begriff *Kurs?*
Wir kennen bereits Meridiane und Breitenkreise, und wir wissen, daß jeder Schiffsort bestimmt wird durch ihren Schnittpunkt (siehe Seite 41). Die Breitenkreise sind vom Äquator ausgehend von 0 bis 90° nach Nord und Süd, die Meridiane vom Nullmeridian von 0 bis 180° nach Ost und West durchnumeriert. Jeder Grad kann in 60 gleiche Teile, die Minuten, eingeteilt werden. Durch diese Teilpunkte können wir uns weitere Meridiane und Breitenkreise gelegt denken.

Breite und Länge

Die Nummer des Breitenkreises, der durch den Schiffsort hindurchgeht, gibt die *Breite* des Ortes. Man kann die Breite auch definieren als den Abstand des Ortes vom Äquator, gemessen auf dem Meridian (Abb. 57). Die

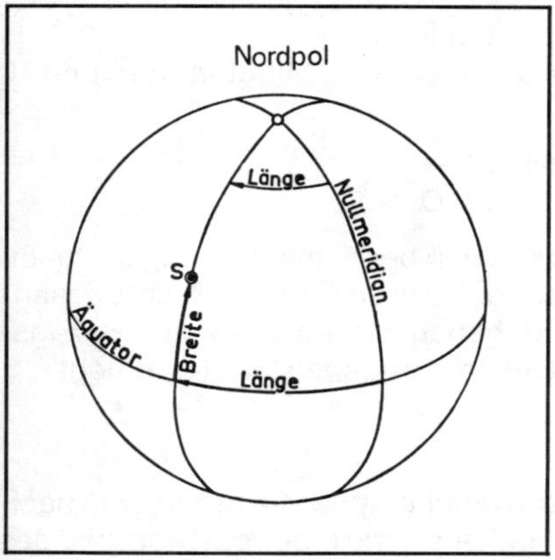

Abb. 57 Breite und Länge eines Ortes

Breite wird in Grad und Minuten angegeben und enthält den Zusatz N oder S, je nachdem, ob der Ort nördlich oder südlich vom Äquator liegt.

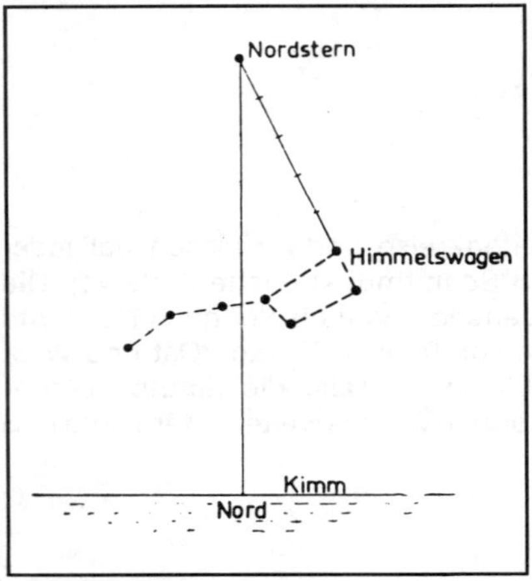

Abb. 58 Wo liegt Nord?

Entsprechend gibt die Nummer des Meridians durch den Schiffsort die *Länge* des Ortes. Die Länge läßt sich auch erklären als der Winkel zwischen dem Meridian des Ortes und dem Nullmeridian. Die Länge wird in Grad und Minuten angegeben und erhält den Zusatz O oder W, je nachdem, ob der Ort östlich oder westlich vom Nullmeridian liegt.
So liegt zum Beispiel Kiel-Leuchtturm auf 54 Grad 30 Minuten Nord und 10 Grad 16 Minuten Ost. Wir schreiben:

Breite: 54° 30′ N
Länge: 10° 16′ O

Von unserem Schiffsort aus steuern wir einen bestimmten Kurs, das heißt, wir fahren in einer bestimmten Richtung. Während solche Richtungsangaben im Hafen leicht zu machen sind, haben wir auf See keine Bezugspunkte. Man kann auch nicht ohne weiteres angeben, wo Nord liegt.

Die Nordrichtungen

Die Richtung Nord läßt sich ohne irgendwelche Apparate nur nachts nach den Sternen ungefähr festlegen. Es ist bekannt, wie man vom Sternbild des

Großen Bären, dem Himmelswagen, ausgeht. Folgt man den Hinterwandsternen des Wagens (Abb. 58) um das Fünffache weiter, so trifft man in einer an sich ziemlich sternleeren Gegend den Polarstern oder *Nordstern*. Geht man von diesem Punkt senkrecht zur Kimm herunter, so liegt an dieser Stelle der Nordpunkt. Damit ist die Himmelsrichtung Nord festgelegt. Die entgegengesetzte Richtung ist Süd, senkrecht zu dieser Linie rechts und links (für einen nach Norden schauenden Beobachter) Ost und West. Wie die Kimm weiterhin in Zwischenrichtungen aufgeteilt wird, besprachen wir schon bei der Untersuchung des Kompasses. Nach der Vollkreisteilung wird von Nord ausgehend der ganze Kimmkreis in 360 gleiche Teile geteilt, die im Uhrzeigersinn von 0 bis 360° benannt werden. Süd erhält die Bezeichnung 180°, Ost 90° und West 270°.
Die Richtung des Meridians auf der Erde, also die Richtung zum Nordpol hin, nennt man *rechtweisend* Nord, abgekürzt rwN.
Wenn man keine Sterne sehen kann, ist man auf den Kompaß angewiesen. Der Kompaß zeigt jedoch nicht die richtige Nordrichtung an – er *weist* nicht *recht*. Statt *recht*weisend Nord gibt er *miß*weisend Nord an, abgekürzt mwN.

Merke: Mißweisend Nord ist die Nordrichtung, die der ungestörte Kompaß anzeigt.

An Bord freilich ist der Kompaß nicht ungestört; diese Bedingung ist nur an einem eisenfreien Ort an Land erfüllt. Der Winkel, um den die Nadel gegen rechtweisend Nord abgelenkt wird, heißt *Ortsmißweisung*, kurz: *Mißweisung* (Abkürzung Mw). In Abb. 59 ist dieser Winkel stark übertrieben dargestellt. In den Fahrtgebieten hierzulande macht er tatsächlich nur einige Grade aus; er kann auch gleich Null sein.
Der Zusatz Ost oder West besagt, daß die Nadel östlich oder westlich von rechtweisend Nord steht. Die Angabe Ost wird durch das Zeichen „+" (plus) und West durch das Zeichen „–" (minus) ersetzt.
Die Mißweisung ist von Ort zu Ort verschieden. Im Jahre 1980 macht sie beispielsweise bei Helgoland -3,4° (W) aus. Doch sie ändert sich nicht nur mit dem Ort, sondern auch mit der Zeit. Die jährliche Änderung in der Deutschen Bucht beträgt +0,1° (O) – sie nimmt also zahlenmäßig ab.
Die deutschen Seekarten enthalten an verschiedenen Stellen rechtweisende Kompaßrosen (mindestens jedoch eine), in die ein mißweisender Pfeil eingedruckt ist, dazu der Wert der Mißweisung, das Jahr, für das er gilt, und die jährliche Änderung mit Vorzeichen (Abb. 61).

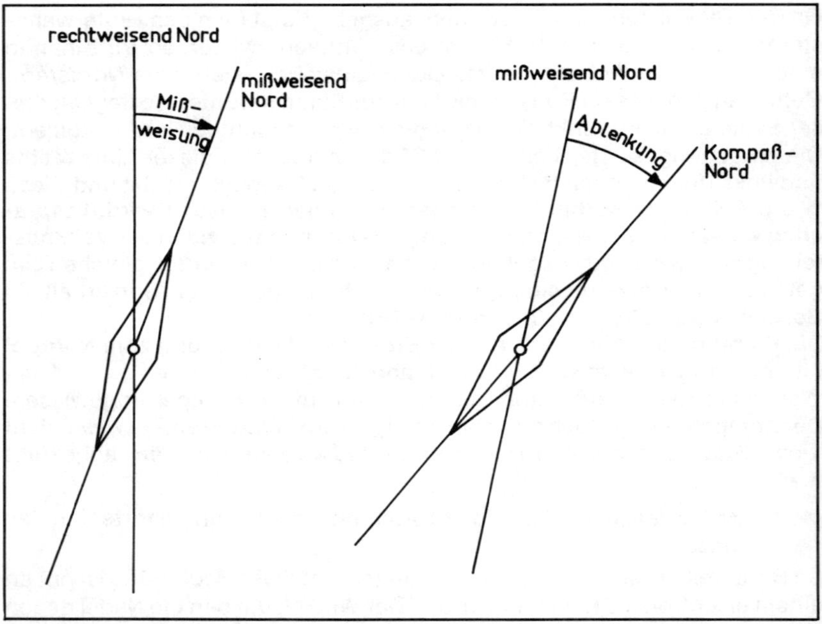

Abb. 59 Die Mißweisung

Abb. 60 Die Ablenkung

Wenn die Karte zu wenig freien Raum läßt für mehr als eine Kompaßrose, so werden von den Kartographen nur Mißweisungspfeile mit den dazugehörigen Zahlenangaben oder auch nur die Zahlenangaben in einem Kästchen eingezeichnet.
An manchen Stellen finden wir den Vermerk „Gebiet unsicherer Mißweisung", beispielsweise südlich Bornholm. In diesen Gebieten ist Vorsicht geboten.
Wie erklären sich diese Mißweisungen?
Man muß sich in der Erde einen großen Magneten vorstellen, der die Magnetnadel im Kompaß anzieht. Dieser gedachte Magnet ist nun nicht so ausgerichtet, daß sein Ende am Nordpol liegt; vielmehr gibt es einen besonderen *magnetischen Pol*, der sich in Nordkanada befindet.

Da die Mißweisung sich, wie wir jetzt wissen, mit der Zeit ändert, müssen wir uns immer erst vergewissern, ob wir eine Seekarte mit den neuesten Mißweisungsangaben vor uns haben. Wenn nicht, muß die jährliche Änderung der Mißweisung berücksichtigt werden.

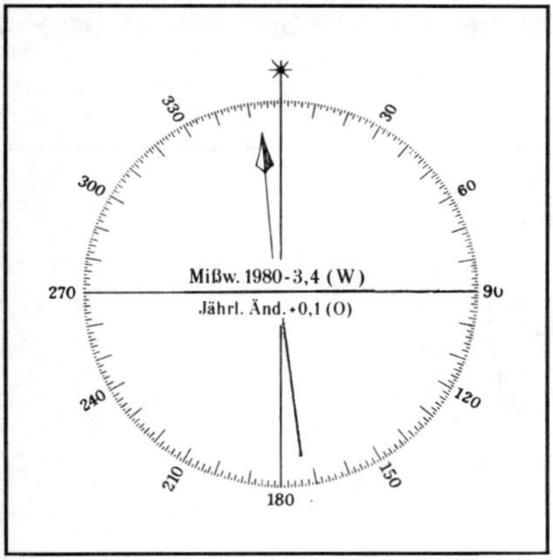

Abb. 61 Mißweisungsangabe in der Seekarte

Auf Stahlschiffen zeigt der Kompaß dieses mißweisend Nord indessen nicht an, weil er durch die Eisenmassen aus dieser Richtung mehr oder weniger abgelenkt wird.

Die Richtung, die das Nordende der Kompaßnadel an Bord anzeigt, wird Kompaß-Nord genannt, abgekürzt KpN.

Der Winkel, um den das Nordende der Nadel aus der mißweisenden Nordrichtung abgelenkt wird, ist die *Ablenkung,* auch Deviation genannt (Abb. 60), abgekürzt durch den griechischen Buchstaben δ (Delta).

Die Ablenkung heißt Ost, wenn die Nadel östlich von mißweisend Nord steht, West, wenn westlich davon. Ostablenkungen erhalten (wie die Mißweisung) das Vorzeichen „+" (plus), Westablenkungen das Zeichen „–" (minus). Wir werden bald sehen, warum.

Diese Ablenkung kann nicht in den Seekarten angegeben werden wie die Mißweisung, sondern ist für jedes Schiff eine andere, weil die Eisenteile wie Motor, Anker usw. auf jedem Schiff anders zum Kompaß verteilt sind. Noch mehr: Sie hängt auch davon ab, auf welchem Kurs das Schiff gerade liegt.

Das Eisen des Schiffes wird durch den Einfluß des Magnetismus der Erdkugel selbst magnetisch, es wird gewissermaßen selbst zu einem Magneten, der bestimmte Pole hat. Die Lage dieser Pole hängt von sehr verschiedenen Umständen ab. Manche sind fest, andere verschwinden wieder, wenn man auf einen anderen Kurs geht.
Nehmen wir einmal an, daß vor dem Kompaß vorne im Schiff ein blauer Pol liegt (Abb. 62).

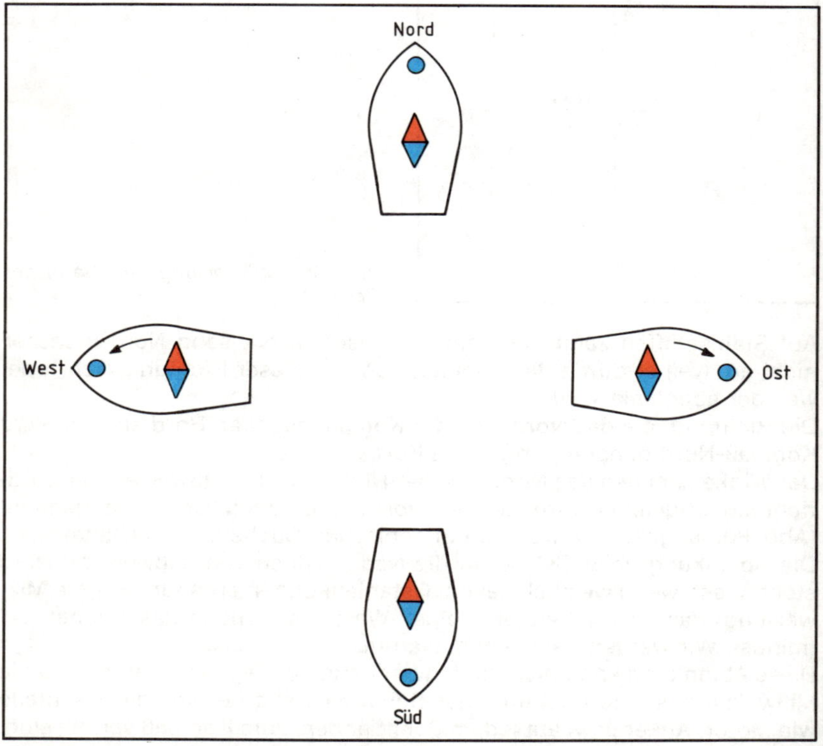

Abb. 62 Ein blauer Pol vorn im Schiff erzeugt auf verschiedenen Kursen verschiedene Ablenkungen

Auf Nordkurs befindet sich dieser blaue Pol vor der Kompaßnadel, er kann sie also nicht aus ihrer Richtung ablenken. Die Ablenkung ist gleich Null. Auf Ostkurs aber liegt er genau quer von der Kompaßnadel. Da ein blauer Pol einen roten Pol, also auch das Nordende der Kompaßnadel, anzieht, wird das Nord des Kompasses nach Ost abgelenkt.
Wir wissen, daß die Anziehungswirkung zweier Pole mit der Entfernung abnimmt. Daraus folgt, daß wir in der Nähe des Kompasses alles Eisen vermeiden müssen und daß er möglichst hoch über dem Schiff und damit den Eisenmassen am besten aufgehoben ist. In der Nähe des Kompasses dürfen weder Metallwerkzeuge noch nautische Geräte wie Funkpeiler oder auch Radioempfänger gestaut werden.
Woher wissen wir nun, wie groß die Ablenkung auf den einzelnen Kursen ist? Die Werte werden von einem Kompaß-Kompensierer oder selbst ermittelt – wir sprechen darüber noch – und in einer sogenannten *Steuertafel* zusammengestellt. Für jedes Schiff muß eigens eine solche Steuertafel an Bord sein.
Es gibt also *drei* Nordrichtungen. Stellen wir sie noch einmal zusammen (Abb. 63):

1. rechtweisend Nord (rwN)	=	Richtung des Meridians zum Nordpol der Erde
2. mißweisend Nord (mwN)	=	Richtung, die das Nordende der Nadel am eisenfreien Ort zeigt
3. Kompaß-Nord (KpN)	=	Richtung, die der Kompaß an Bord eines Schiffes anzeigt

Bezeichnet man als *Kurs* den Winkel zwischen der Richtung Nord und der Kielrichtung des Schiffes, so gibt es auch drei Kursarten, je nachdem, auf welches Nord wir den Kurs beziehen.

1. rechtweisender Kurs (rwK)	=	Winkel zwischen Kielrichtung des Schiffes und rechtweisend Nord
2. mißweisender Kurs (mwK)	=	Winkel zwischen Kielrichtung des Schiffes und mißweisend Nord
3. Kompaßkurs (KpK)	=	Winkel zwischen Kielrichtung des Schiffes und Kompaß-Nord

Der Steuerstrich im Kompaßkessel muß genau der Kielrichtung entsprechen; andernfalls bekommt man bei jeder Kursablesung einen Fehler (siehe Seite 155).

Am Kompaß können wir von den drei Kursen nur den *Kompaßkurs* ableser (Abb. 63).

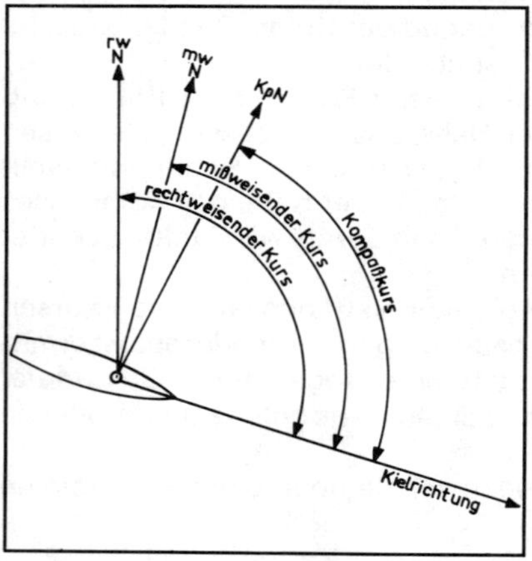

Abb. 63 Die Kursarten

Kursverwandlungen

Es erheben sich nun zwei wichtige Fragen:
1. Wir haben den Kompaßkurs, der anliegt, abgelesen. Wie lauten der miß weisende und der rechtweisende Kurs?
2. Welcher Kompaßkurs muß anliegen, wenn wir einen bestimmten rechtweisenden oder mißweisenden Kurs zurücklegen wollen?
Wir kommen damit zu den Aufgaben der *Kursverwandlungen.*
Wenden wir uns zunächst der ersten Aufgabe zu, da wir den gesteuerten Kurs in die Seekarte eintragen möchten, die ja die Meridiane, also die Richtung rechtweisend Nord, und die Rosen mit der mißweisenden Richtung enthält.
Kompaß-Nord bildet mit mißweisend Nord den Winkel der Ablenkung, die wir aus der Steuertafel entnehmen müssen.
Eine Steuertafel ist diesem Buch im Anhang als Beispiel beigegeben. Klappen wir sie einmal heraus und sehen sie uns an. Die Steuertafel enthält in der ersten Spalte alle Kompaßkurse von 10 zu 10° und daneben die Ablenkung, die das betreffende Schiff auf dem betreffenden Kompaßkurs hat. Wir sehen, daß die Ablenkung für den Kompaßkurs 150° + 5° beträgt, für

290° ist sie –9°. Für Kurse, die nicht angegeben sind, muß man *einschalten.* Also zum Beispiel: Wie groß ist die Ablenkung für den Kompaßkurs 193°? Für 190° ist sie +2°, für 200° macht sie +1° aus. Da 193 mehr nach 190 hin liegt, nehmen wir als Ablenkung +2°. Oder für 25°? Dieser Kurs liegt genau zwischen den Kursen 20° und 30°, die Ablenkung für 25° also zwischen + 3° und + 5°; sie beträgt demnach + 4°.

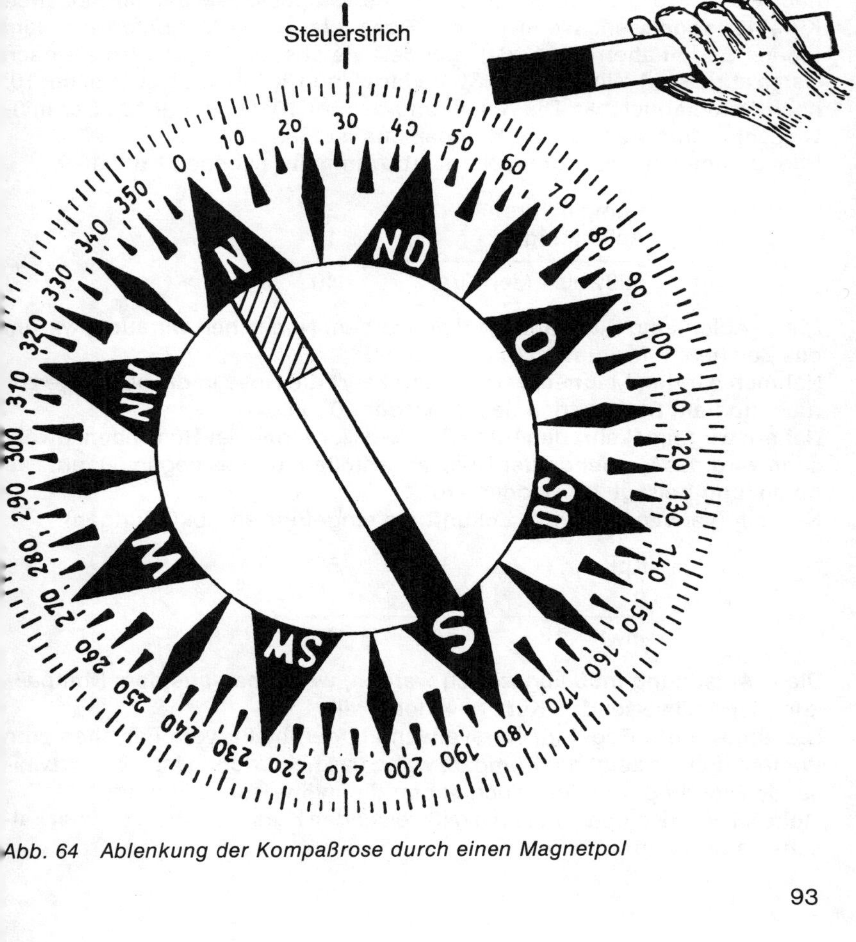

Abb. 64 Ablenkung der Kompaßrose durch einen Magnetpol

Die dritte und vierte Spalte der Steuertafel enthält die Ablenkungen für *miß*weisende Kurse.

Wie ist diese Ablenkung anzubringen, um aus dem Kompaßkurs den mißweisenden Kurs zu erhalten?

Wir machen einen Versuch.

Das Nordende der Kompaßrose gibt an einem eisenfreien Ort die Richtung mißweisend Nord an. Am Steuerstrich des Kompasses sei der mißweisende Kurs 40° abgelesen. Wenn wir der Rose jetzt einen Magneten mit dem blauen Ende nähern (Abb. 64), wandert sie aus, und zwar wird sie nach Osten abgelenkt. Wir lesen am Steuerstrich nun 30° ab; die Nadel ist um 10° nach Osten abgelenkt. Die Ablenkung beträgt 10° O oder + 10°. Der mißweisende Kurs war 40°, der Kompaßkurs ist 30°.

Wie komme ich vom Kompaßkurs 30° zum mißweisenden Kurs 40°?

Kompaßkurs	=	30°
Ablenkung	=	+ 10°
mißweisender Kurs	=	40°

Die +-Ablenkung muß hinzugezählt werden. Nun sehen wir auch, warum das Zeichen + für die Ostablenkung gilt.

Nehmen wir den Magneten weg, dann kehrt die Rose in die alte Lage zurück, und am Steuerstrich liegen wieder 40° an.

Nähern wir umgekehrt den roten Pol dem Nordende der Rose ebensoweit, dann wird das Nordende der Rose abgestoßen, und es liegen 50° an: Die Ablenkung beträgt 10° W oder –10°.

Nun gilt (verwenden wir in Zukunft die eingeführten Abkürzungen):

KpK	=	50°
δ	=	– 10°
mwK	=	40°

Die –-Ablenkung muß abgezogen werden, wenn man aus dem Kompaßkurs den mißweisenden Kurs gewinnen will.

Die altbewährte Regel für Kursverwandlungen heißt: vom Falschen zum Wahren. Falsch zeigt der Kompaß, wahr, das heißt richtig ist die rechtweisende Richtung, richtiger auch schon die mißweisende Richtung.

Gehe ich vom Kompaßkurs zum mißweisenden Kurs, so gehe ich „vom Falschen zum Wahren".

Vom Falschen zum Wahren = Ablenkung mit dem richtigen Vorzeichen anbringen, also:

+-Ablenkung zuziehen,
−-Ablenkung abziehen

Abb. 65 bestätigt die Richtigkeit dieser Regel.

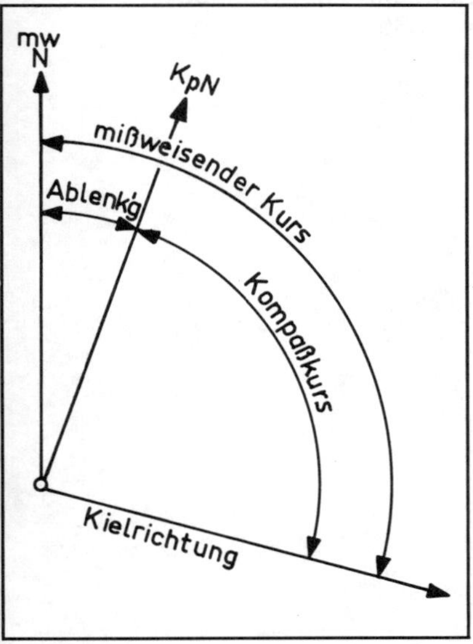

Abb. 65 Kompaßkurs + Ablenkung = mißweisender Kurs

Kompaßkurs + Ablenkung = mißweisender Kurs

Üben wir dies erst, ehe wir weitergehen. Es gelte die Steuertafel 1. Am Kompaß liegen 200° an. Wie lautet der mißweisende Kurs?
Wir entnehmen aus der Steuertafel 1 für den Kompaßkurs 200° die Ablenkung + 1°. Da wir vom Kompaßkurs zum mißweisenden Kurs, also vom Falschen zum Wahren gehen, muß diese Ablenkung + 1° zugezogen werden.

Also:

KpK	=	200°
δ	= +	1°
mwK	=	201°

● Übungsaufgaben

Verwandle ebenso folgende Kompaßkurse in mißweisende:

1.	83°	4.	335°
2.	116°	5.	1°
3.	262°	6.	205°

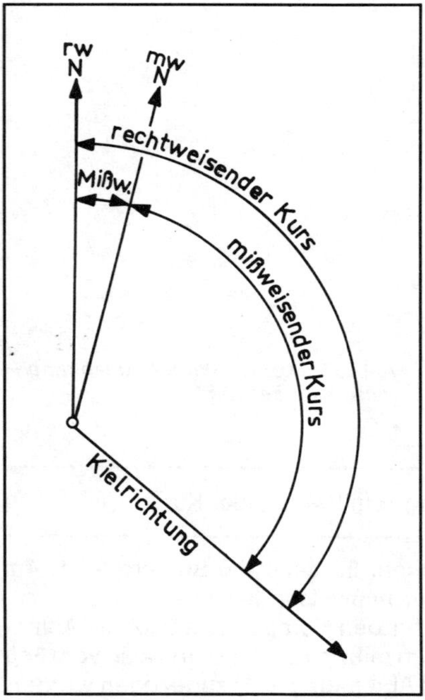

Abb. 66 Mißweisender Kurs + Mißweisung = rechtweisender Kurs

Wird die Summe über 360° groß, so zieht man 360° ab. Umgekehrt muß man erst 360° zuziehen, wenn die Kurszahl so klein ist, daß man die Ablenkung nicht abziehen könnte (wie bei der 5. Aufgabe).
Die Lösungen der Übungsaufgaben befinden sich im Anhang.
Aus dem mißweisenden Kurs findet man den rechtweisenden Kurs, indem man die Mißweisung anbringt. Abb. 66 zeigt, daß wieder die +-Mißweisung zugezogen werden muß. Also:

mißweisender Kurs + Mißweisung = rechtweisender Kurs

Es ist üblich, die Summe der beiden Fehler Ablenkung und Mißweisung als *Fehlweisung* (Abkürzung Fw) zu bezeichnen.

Fehlweisung = Ablenkung + Mißweisung

Das, was an dem Kompaßkurs angebracht werden muß, also Ablenkung und Mißweisung oder Fehlweisung, nennt man *Beschickung.*

● Erste Regel für Kursverwandlungen
Vom Falschen zum Wahren: Beschickungen mit dem richtigen Vorzeichen anbringen.
In unserem Beispiel auf Seite 96 war der mißweisende Kurs 201°. Nehmen wir an, die Mißweisung beträgt +5°.
Wie lautet der rechtweisende Kurs?
Da wir weiter vom Falschen zum Wahren gehen, muß die Mißweisung +5° hinzugezogen werden. Also:

mwK	=	201°
Mw	= +	5°
rwK	=	206°

Wie groß war die Fehlweisung?

δ	= +	1°
Mw	= +	5°
Fw	= +	6°

Wir können also auch schreiben:

KpK	=	200°
Fw	=	+ 6°
rwK	=	206°

Üben wir das. Am Kompaß liegen 270° an. Es gilt Steuertafel 1. Die Mißweisung beträgt –3°. Wie lauten der mißweisende und der rechtweisende Kurs?

KpK	=	270°
δ	=	– 8°
mwK	=	262°
Mw	=	– 3°
rwK	=	259°

● Übungsaufgaben

Wie sind der mißweisende und der rechtweisende Kurs, wenn folgender Kompaßkurs anliegt:

1. Nord	4. 25°
2. 90°	5. 168°
3. 242°	6. 206°

Es gilt die Steuertafel 1. Die Mißweisung beträgt -4°. Die Lösungen der Aufgaben befinden sich im Anhang.

Die nautischen Rechnungen und Verfahren sicher zu beherrschen, ist nicht nur unbedingt erforderlich, sondern wird auch in den Prüfungen an den Seefahrtschulen verlangt. Zur Übung sollte man deshalb möglichst viele Aufgaben lösen.

Wer die viertelkreisige Gradteilung benutzt (siehe Seite 23), der kann nicht so ohne weiteres zu- oder abziehen, da die Benennung dort manchmal im, manchmal entgegen dem Uhrzeigersinn erfolgt. Man verwendet für die Ablenkung, Mißweisung oder Fehlweisung in diesen Fällen daher auch nicht das Vorzeichen +, sondern die Bezeichnung Ost, auch nicht –, sondern West.

Addiert man eine Ablenkung, so geht man im Uhrzeigersinn auf der Rose herum. Das gilt für alle Teilungen.
Die erste Regel lautet für viertelkreisige Gradteilungen also wie folgt:
Vom Falschen zum Wahren: Ost-Beschickungen im Uhrzeigersinn anbringen, West-Beschickungen entgegen dem Uhrzeigersinn anbringen.

Bei der Lösung der zweiten Aufgabe, zu einem rechtweisenden Kurs den Kompaßkurs zu suchen, gehen wir den umgekehrten Weg: +-Beschickungen sind nun abzuziehen usw.

● Zweite Regel für Kursverwandlungen
Vom Wahren zum Falschen: Beschickungen mit entgegengesetztem Vorzeichen anbringen.

Die dritte und vierte Spalte der Steuertafeln geben die Ablenkungen für die mißweisenden Kurse an.
Die Ablenkung für den Kompaßkurs 60° und den mißweisenden Kurs 60° zum Beispiel stimmen nicht überein – deshalb ist es wichtig, in die richtige Spalte einzugehen!
Ein Beispiel: Es gilt Steuertafel 1. Der mißweisende Kurs ist 97°. Wie lautet der zu steuernde Kompaßkurs?
Die Steuertafel nennt für den mißweisenden Kurs die Ablenkung + 10°. Da wir vom Wahren zum Falschen gehen, müssen wir die entgegengesetzte Ablenkung anbringen. Wir schreiben:

$$\begin{array}{lcr} \text{mwK} & = & 97^\circ \\ \text{entg. } \delta & = & -10^\circ \\ \hline \text{KpK} & = & 87^\circ \end{array}$$

Ist der rechtweisende Kurs gegeben, muß die Mißweisung entgegengesetzt angebracht werden, damit man vom rechtweisenden zum mißweisenden Kurs kommt. Erst für den *mißweisenden* Kurs kann man die Ablenkung entnehmen.
Der rechtweisende Kurs sei 335°, es gelte die Steuertafel 1, die Mißweisung betrage –6°.
Bringt man die entgegengesetzte Mißweisung an, so erhält man als mißweisenden Kurs 341°. Für *diesen* Kurs geht man in die Steuertafel ein und

findet als Ablenkung –5°. Diese ist entgegengesetzt anzubringen, also erhält man als Kompaßkurs 346°. Wir schreiben:

rwK	=	335°
entg. Mw	= +	6°
mwK	=	341°
entg. δ	= +	5°
KpK	=	346°

● Übungsaufgaben
Welcher Kompaßkurs muß anliegen, wenn die folgenden rechtweisenden Kurse und Mißweisungen gelten:

1. rwK = 157°	Mw = + 1°
2. rwK = 231°	Mw = – 3°
3. rwK = 101°	Mw = 0°
4. rwK = 355°	Mw = – 4°
5. rwK = 10°	Mw = + 3°

Es gilt Steuertafel 1.

Beschickung wegen Wind- und Stromversetzung

● Versetzung durch Wind
Wirkt Wind seitlich drückend auf das Schiff, geht es *über Grund* nicht den Weg, den der Kompaß anzeigt. Wir messen diese Windversetzung durch den Winkel, den die Kielrichtung des Schiffes und das Kielwasser bilden. Die Größe der Versetzung hängt von der Stärke und Richtung des Windes ab sowie von der Bauart, dem Beladungszustand und der Segelführung des Schiffes.
Wir müssen sie schätzen.
Welches Vorzeichen erhält sie, damit wir sie bei unseren Kursverwandlungen berücksichtigen können?
Fällt der Wind, wie in Abb. 67 angenommen, von Steuerbord ein, wird das Schiff nach Backbord abgetrieben. Während die Kielrichtung 90° ist, geht es in der Richtung 70° weg.

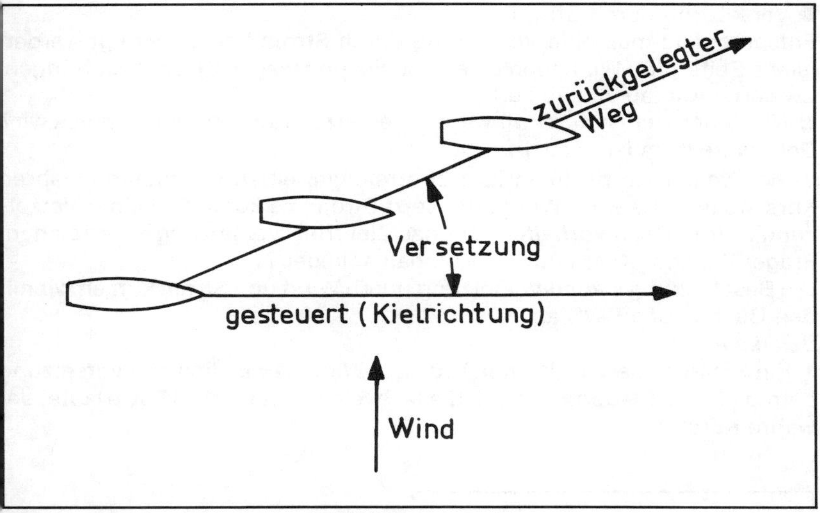

Abb. 67 Versetzung durch Wind von Steuerbord

Wollen wir vom gesteuerten Kurs zum *wahren* Kurs übergehen, den wir dann in die Seekarte einzutragen haben, stellen wir fest, daß sich der Kurs entgegen dem Uhrzeigersinn änderte. Die Versetzung muß entgegen dem Uhrzeigersinn angebracht werden und in diesem Falle also das Vorzeichen – oder das Vorzeichen West erhalten.

Kommt der Wind von Backbord ein, wird das Schiff also nach Steuerbord abgetrieben, dann ist die Versetzung im Uhrzeigersinn anzubringen; sie erhält das Vorzeichen + oder Ost.

Ist der rechtweisende Kurs zum Beispiel 180° (wie in Abb. 68), dann wird das Schiff bei 10° Versetzung durch östlichen Wind einen Weg in Richtung 190° zurücklegen. Wir nennen diesen Kurs den *wahren* Kurs.

Will man den wahren Kurs haben, sind am Kompaßkurs also anzubringen:

1. Ablenkung (Deviation)
2. Mißweisung
3. Beschickung wegen Wind

● Versetzung durch Strom

Entsprechend muß eine Versetzung durch Strom berücksichtigt werden (siehe Seite 148): Wir haben eine Beschickung wegen Strom anzubringen. Zweierlei Aufgaben sind zu lösen:

1. Wir steuern einen Kurs, wir werden versetzt. Frage: Wohin kommen wir? Der wahre Kurs ist gesucht.

2. Wir wollen ein bestimmtes Ziel erreichen, einen bestimmten wahren Kurs steuern. Es weht Wind oder setzt Strom, es kommt zu einer Versetzung. Wir müssen *vorhalten,* um das Ziel trotz Versetzung zu erreichen. Frage: Welcher Kurs muß am Kompaß anliegen?

Die Beschickung wegen Versetzung durch Wind und Strom kürzen wir mit den Buchstaben BWS ab.

Beispiele:

1. Ein Schiff steuert am Kompaß 10°. Der Wind ist westlich, die Versetzung beträgt 5°. Die Steuertafel 1 gilt, die Mißweisung beträgt –1°. Wie lautet der wahre Kurs?

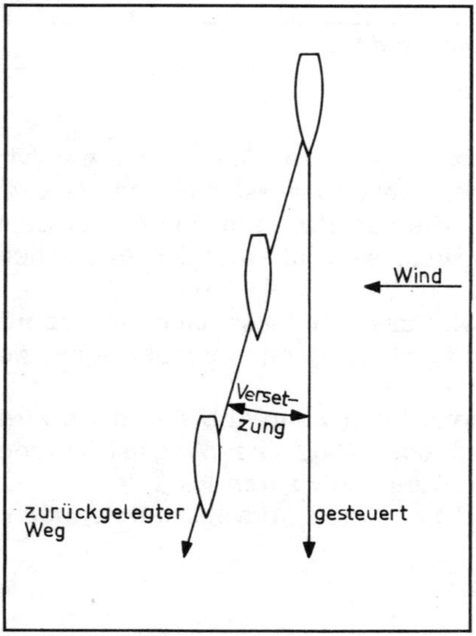

Abb. 68 Versetzung durch Wind von Backbord

KpK	=	10°
δ	=	+ 1°
mwK	=	11°
Mw	=	− 1°
rwK	=	10°
BWS	=	+ 5°
wK	=	15°

2. Ein Schiff will ein bestimmtes Ziel erreichen. Aus der Seekarte wird der wahre Kurs 215° entnommen. Ein Strom setzt östlich, die Versetzung beträgt 10°. Es gilt Steuertafel 1, die Mißweisung ist −2°. Wir wollen vorhalten. Welcher Kurs muß am Kompaß anliegen?
Nun ist der umgekehrte Weg vom Wahren zum Falschen, vom wahren Kurs zum Kompaßkurs zu gehen, alle Beschickungen sind mit dem entgegengesetzten Vorzeichen anzubringen.

wK	=	215°
entg. BWS	=	+ 10°
rwK	=	225°
entg. Mw	=	+ 2°
mwK	=	227°
entg. δ	=	+ 3°
KpK	=	230°

● Übungsaufgaben
1. Wie lautet der wahre Kurs, wenn

KpK	Wind	Versetzung durch Wind	Mw
119°	N	5°	+ 2°
6°	W	10°	− 4°
190°	W	10°	− 1°
34°	S	5°	− 1°

Es gilt Steuertafel 1.

2. Welcher Kompaßkurs ist zu steuern, wenn

wahrer Kurs	Wind	Versetzung durch Wind	Mw
270°	N	5°	+ 3°
15°	NW	10°	+ 5°
333°	ONO	15°	0°
178°	WSW	10°	− 10°

Es gilt Steuertafel 1.

Wer ein kurzes Schema, etwa für größere Aufgaben in der Seekarte (Kartenaufgaben), einrichten will, mache dies so:

Beispiel 1 von Seite 103

Wind	Kompaß-Kurs	Abl. δ	mißw. Kurs	Mißw.	rechtw. Kurs	Beschickung für Wind	Beschickung für Strom	wahrer Kurs	Distanz
West	10°	+ 1°	11°	− 1°	10°	+ 5°	–	15°	

$$\xrightarrow{\qquad\qquad\qquad\qquad\qquad\qquad}$$

Beispiel 2 von Seite 103

West	230°	− 3°	227°	− 2°	225°	–	− 10°	215°	

$$\xleftarrow{\qquad\qquad\qquad\qquad\qquad\qquad}$$

Kursverwandlungen vom Falschen zum Wahren: von links nach rechts mit den angegebenen Vorzeichen.
Kurs*rück*verwandlungen vom Wahren zum Falschen: von rechts nach links mit engegengesetztem Vorzeichen. Vorzeichen aber zunächst so eintragen, wie sie nach unseren Regeln bestimmt bzw. gegeben sind.

2. Das Arbeiten in der Seekarte

In die Seekarte werden die versegelten Kurse und Distanzen eingetragen. Außerdem wird ihr der zu steuernde Kurs entnommen.

Vorweg einige Anmerkungen zum Umgang mit Seekarten:

★ Kurse werden mit hartem, gut gespitztem Bleistift eingetragen, *ohne aufzudrücken.* Wenn radiert wird, darf nichts mehr zu sehen sein.
★ Kartenzirkel ganz leicht und schräg ansetzen, ohne daß ein Loch in der Seekarte entsteht.
★ Weder Tinte noch Tintenstift oder Tintengummi verwenden.
★ Die Karte darf nicht feucht werden, deshalb nicht mit nassem Ölzeug oder tropfender Kopfbedeckung an die Karte gehen. Wenn sie doch feucht geworden ist, nicht radieren. Die Karte sollte nicht in feuchtem Zustand weggestaut werden.
★ Auf dem Kartentisch beschwert man die Karte mit Gewichten, wenn keine anderen Vorrichtungen zum Halten der Karte vorhanden sind. Schutzblatt unterlegen, wenn man in der Karte arbeitet.
★ Man sollte die Karten nicht rollen, sondern flachliegend aufbewahren. Wenn der Platz dafür nicht ausreicht, rollt man sie sorgfältig auf – nicht falzen. An den Falzstellen kann später nicht mehr ordnungsgemäß navigiert werden.
★ Ehe neue Eintragungen gemacht werden, entfernt man jene der letzten Reise. Das gilt auch für die folgenden Übungsaufgaben.

Die ersten Übungen machen wir in der Übungskarte D.50^{D} Deutsche Bucht, von der ein Ausschnitt beigefügt ist. Weitere Übungsaufgaben beziehen sich auf folgende Übungskarten, die ebenso wie die D.50^{D} von den Vertriebsstellen des Deutschen Hydrographischen Instituts (DHI) preiswert abgegeben werden:

D.49 Mündungen der Jade, Weser und Elbe
D.53^{D} Nordansteuerung zum Kanal

Übungskarten werden nicht laufend berichtigt; sie dürfen deshalb nicht für die Navigation verwendet werden.

Die Grundaufgaben

● 1. Aufgabe: Entnehmen eines Schiffsortes, der gegeben ist, nach Länge und Breite

Wo liegt das Feuerschiff „Weser"?

Die Karte D.50^{D} ist ausgebreitet, das Feuerschiff haben wir schnell gefunden.

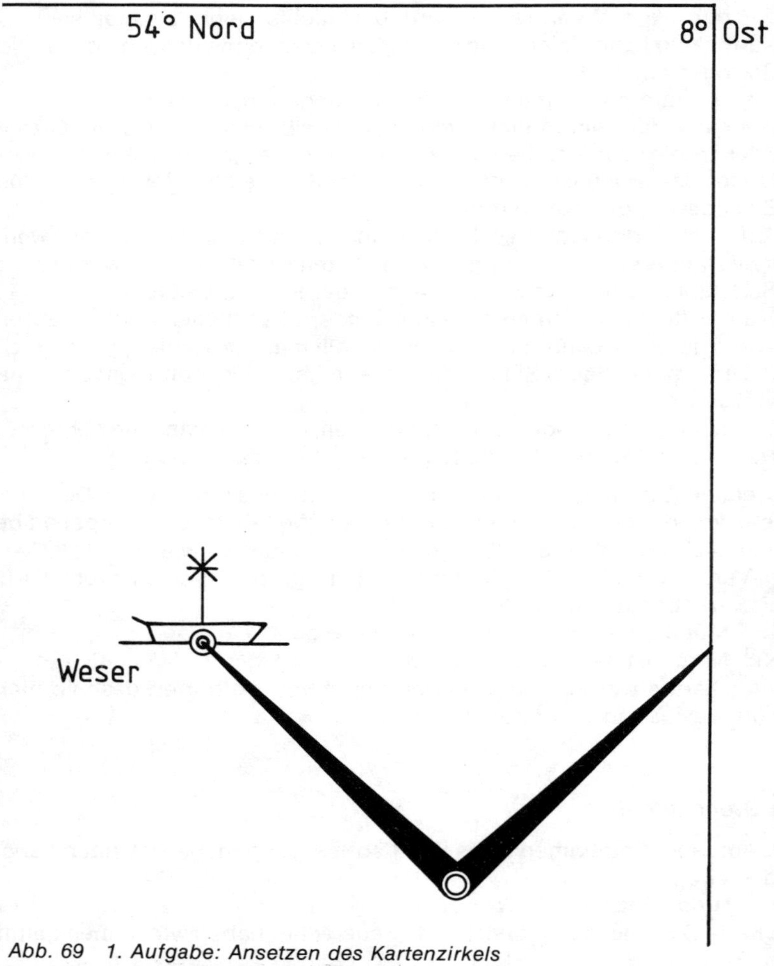

Abb. 69 1. Aufgabe: Ansetzen des Kartenzirkels

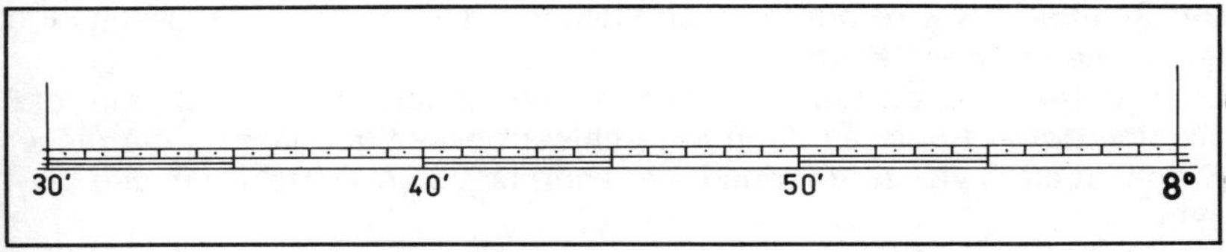

Abb. 70 Teilung am unteren Kartenrand

Jetzt setzen wir den Kartenzirkel, wie es Abb. 69 zeigt, so ein, daß er den Abstand vom nächstgelegenen Meridian mißt – es sind 8° –, und schieben den Zirkel dann zum unteren Kartenrand. Die dort befindliche Teilung prägen wir uns gut ein. Sie ist in Abb. 70 wiedergegeben, und zwar jenes Teilstück von 7°30′ bis zum nächsten ausgezogenen Meridian 8°. Dieses Teilstück ist in drei Teile von je 10 Minuten geteilt. Die Beschriftung ist: 30′, 40′, 50′. Diese Stücke sind wiederum in 10 Teile aufgeteilt, jedoch ohne Beschriftung; sie können jedoch nun von uns leicht benannt werden.
Wir ermitteln, daß das Feuerschiff „Weser" auf einer Länge von

7°50′Ost (O)

liegt. Ebenso finden wir an der Seitenteilung der Karte seine Breite. Sie beträgt

53°52′Nord (N)

● 2. Aufgabe: Eintragen eines Schiffsortes, dessen Länge und Breite gegeben sind

Das Schiff steht auf 54°6′N 7°4′O. Wir suchen in der Seekarte D.50^{D} zunächst den Meridian auf, der unserem Ort am nächsten liegt. Es ist der Meridian 7°0′O.
Wir tragen auf ihm die Breite ab, indem wir am Kartenrand den Kartenzirkel so ansetzen, daß seine eine Spitze auf 54°0′, die andere auf 54°6′ steht. Diese Distanz tragen wir so auf dem Meridian ab, indem wir die eine Spitze des Zirkels auf den Ort 54°0′N 7°0′O setzen und dort, wo das andere Ende des Zirkels auf dem Meridian aufliegt, einen Bleistiftstrich machen.
Durch diesen Punkt ziehen wir einen Breitenkreis, indem wir das Kursdreieck so anlegen, wie es Abb. 71 zeigt. Auf diesem Strich tragen wir die Länge 7°4′O ab, indem wir sie – wie in Aufgabe 1 – von unten heraufholen.

Der Schiffsort S wird durch einen kleinen Kreis markiert, damit man ihn leicht wiederfinden kann.
Die Striche selbst dürfen nicht zu dick gezeichnet werden. Nicht nur, daß sie sich durch Radieren dann nur schlecht beseitigen lassen, ein dicker Strich ist auch viel zu ungenau – er kann fast eine Viertel Seemeile breit sein.

● 3. Aufgabe: Eintragen einer Versegelung
Ein Schiff segelt von dem eben eingezeichneten Ort aus 5 sm in rechtweisend 40°. Wo steht es dann?
Wir nehmen das eine der beiden Kursdreiecke und legen es so auf die Karte, daß sich die größte Seite, die Nullinie (Winkel 0), ungefähr in Richtung des Kurses befindet und die Spitze mit dem rechten Winkel (90°) zu uns hinzeigt. Jetzt verschieben wir es so, daß der Mittelpunkt und die gewünschte Gradzahl auf einem Meridian liegen (Abb. 72).

Merke: Das Dreieck muß so liegen, daß die Zahlen richtig zu lesen sind (nicht spiegelbildlich). Man zeichnet stets an der *langen* Seite des Dreiecks.

Die Tischplatte, auf der gearbeitet wird, muß eben sein. Das Verrutschen des Dreiecks vermeidet man dadurch, daß man nicht zu starken Druck darauf ausübt. Man legt die – linke – Hand so, daß sie auf Dreieck und Karte gleichzeitig aufliegt.

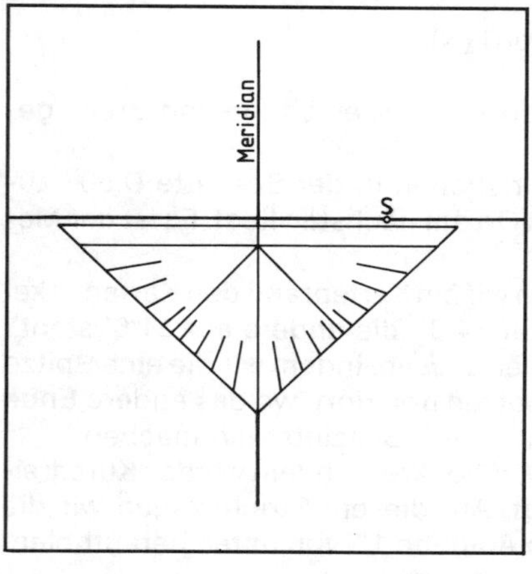

Abb. 71 2. Aufgabe: Anlegen des Kursdreiecks

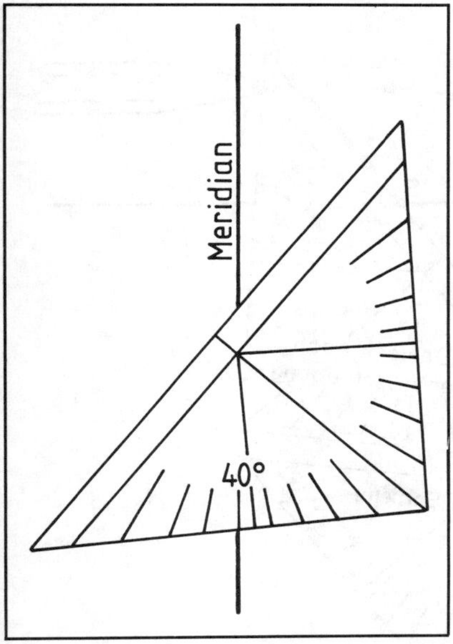

Abb. 72 3. Aufgabe: Anlegen des Kursdreiecks

Durch Anlegen des zweiten Kursdreiecks verschaffen wir uns die Schiene, längs der wir das erste Dreieck so verschieben können, daß die Kante durch den Schiffsort geht, an dem wir die Versegelung antragen wollen (Abb. 73).
Es ist jetzt nur noch mit dem Bleistift ein Strich längs der Kante durch den Schiffsort zu zeichnen. Da der Bleistift eine gewisse Dicke hat, müssen wir – das ergibt die Übung schnell – das Kursdreieck etwas vor dem Punkt liegen haben, wir müssen also den Punkt gut freilassen. Schließlich tragen wir noch die Entfernung von 5 sm an.
Wie wir bereits wissen, sind die Distanzen am linken oder rechten Kartenrand abzunehmen, und zwar etwa auf der Höhe des Gebietes, in dem die Versegelung stattfindet. Wir gehen also von unserem Ort an den Kartenrand und setzen den Zirkel so ein, daß wir 5 sm zwischen den Zirkelspitzen haben. Wichtig ist, den Zirkel schräg anzusetzen und die Teilung genau zu beachten.

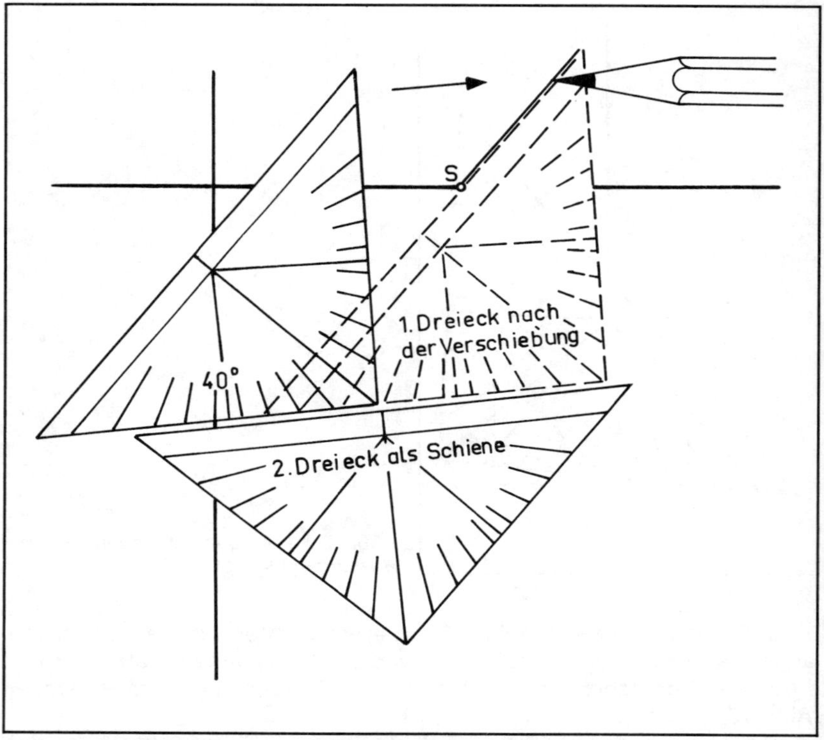

Abb. 73 3. Aufgabe: Anlegen des zweiten Kursdreiecks

Jetzt setzen wir den Zirkel auf die Kurslinie 40° und erhalten den Endpunkt der Versegelung, den wir durch einen Strich oder einen kleinen Kreis markieren.
Wie wir es in der 1. Aufgabe gelernt haben, entnehmen wir den Schiffsort:

Breite: 54°10′N Länge: 7°10′O

● 4. Aufgabe: Welcher Kurs und welche Distanz sind zurückzulegen von einem Ort A zu einem Ort B?

Wir verbinden A und B durch eine Gerade und verschieben das Kursdreieck zu einem Meridian, so daß der Mittelpunkt auf dem Meridian liegt. Dann lesen wir auf der Teilung dort, wo der Meridian durch sie hindurchgeht, die rechtweisende Richtung zwischen A und B ab.
Ist die Distanz A B zu groß, kann man zwei Dreiecke so anwenden, wie es Abb 74 zeigt.
Die Distanz von A nach B ist nun leicht zu entnehmen, indem wir den Zirkel ansetzen und in der Höhe der Versegelung am linken oder rechten Kartenrand die Distanz in Seemeilen ablesen.

● Übungsaufgaben

Das alles muß nun erst einmal geübt werden. Das Ergebnis wird kontrolliert anhand der Lösungen im Anhang des Buches.
Seekarte D.50[D] Deutsche Bucht für die Aufgaben 1 bis 4, 6 und 8,
Seekarte D.53[D] Nordansteuerung zum Kanal für die Aufgaben 5, 7 und 9:

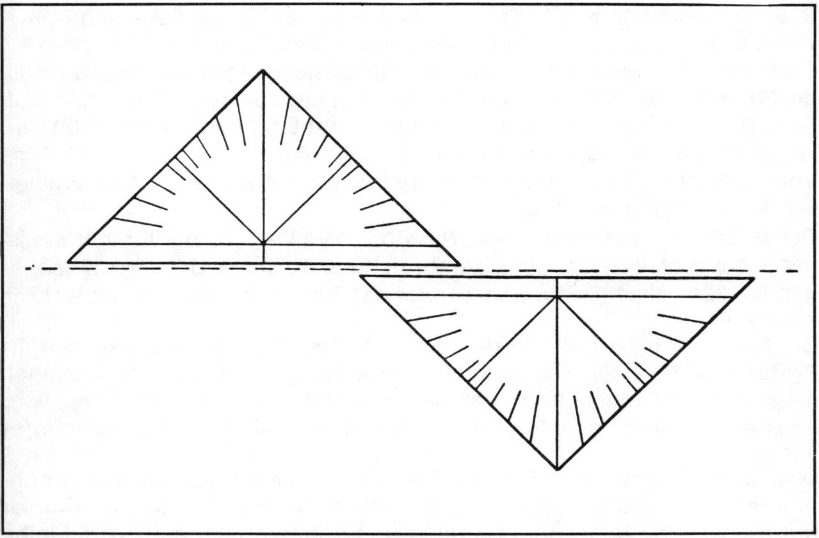

Abb. 74 4. Aufgabe: Anwendung zweier Dreiecke bei großen Distanzen

1. Von 54°5′N 7°8′O steuert ein Schiff 11 sm in rw 70°.
Wo steht es am Ende der Segelung?
2. Von 53°58′N 7°55′O steuert ein Schiff 23 sm in rw 295°. Dann ändert es den Kurs auf rw 280° und segelt noch weitere 18 sm.
Wo steht das Schiff am Ende der zweiten Segelung?
3. Von 53°52′N 6°52,5′O steuert man am Kompaß 98° über 6 sm. Wo steht das Schiff? Es gilt Steuertafel 1. Die Mißweisung ist für das Jahr 1980 zu entnehmen.
4. Von 53°50′N 4°35′O steuert ein Schiff über 25 sm in rw 105°.
Wo steht es am Ende der Segelung?
5. Von 54°24′N 4°5′O steuert ein Schiff 80 sm in rw 233°.
Wo steht es dann?
6. Von 53°55′N 4°50′O versegeln wir 20 sm in rw 65°, dann 25 sm in rw 174°.
Wo steht das Schiff am Ende der zweiten Segelung?
7. Von 54°7′N 3°50′O steuern wir 22 sm am Kompaß 243°.
Wo steht das Schiff nun? Es gilt die Steuertafel 1.
8. Wie groß sind Kurs und Distanz von Tonne TE4 zu Tonne TE2?
9. Es ist von 53°11′N 3°51′O Kurs abzusetzen auf Texel-Feuerschiff.
Welcher Kompaßkurs ist zu steuern, wenn Steuertafel 1 gilt? Distanz?
10. Eine Yacht kreuzt mit 5° Abdrift auf Steuerbordbug gegen Westwind 50° am Wind liegend. Sie steht um 13.00 Uhr auf etwa 54°40′N 7°10′O und läuft 6 kn. Um 20.00 Uhr wendet sie und segelt auf Backbordbug bis 6.00 Uhr.
Wo steht sie am nächsten Morgen um 6.00 Uhr?

Von rw West (270°) 50° nach beiden Seiten gerechnet liegen die rechtweisenden Richtungen 320 und 220°.

Das Schiff liegt zuerst auf Steuerbordbug, die Versetzung durch Wind ist mit 5° geschätzt. Das ergibt als wahren Kurs, der in die Seekarte einzutragen ist, 325°. Nach 7 Stunden wendet das Schiff und steuert den wahren Kurs 215°.

Die Kartenaufgaben, die in dem schriftlichen Teil der Sportseeschiffer-Prüfung und in der Küstenschiffer-Prüfung gestellt werden, bestehen meist aus zwei Teilen. Ist zuerst die Schiffsführung vorgeschrieben, wird im zweiten Teil von dem Prüfling selbständige Weiterführung des Schiffes verlangt.

Man hat sich dann zuerst über die Gebiete zu unterrichten, die man durchfahren soll, und dann den Weg des Schiffes so festzulegen, daß man immer gut frei von der Küste, von Untiefen und Schiffahrtshindernissen bleibt, andererseits sich nicht weiter von der Küste entfernt als unbedingt not-

wendig, um immer Möglichkeiten der Ortsbestimmung zu haben. Dazu müssen natürlich Angaben über die Art und Größe des Schiffes gemacht werden.
Beachte auch das Kapitel „Wichtige Grundsätze der Navigation" auf Seite 159.

Besteckversetzung

Überlegen wir einmal, ob dieser neu gefundene Schiffsort, den wir nach Länge und Breite der Seekarte entnehmen, richtig ist. Wir sehen dabei von zeichnerischen Ungenauigkeiten ab, die wir so gut wie möglich vermieden haben.
Gewiß kann man Kurs und Distanz nicht mit beliebig großer Genauigkeit eintragen, aber viel wichtiger ist, daß wir Kurs und Distanz überhaupt nicht so genau angeben können, wie wir zeichnen. Da ist zunächst der Kurs. Wie genau steuern wir denn? Können wir ihn genau steuern? Sind wir immer genau auf der Kurslinie gewesen?
Je nach Seegang und Wetter kann man mit einem mittleren Fehler von 3° rechnen. Es kommt noch hinzu, daß Ablenkung und Mißweisung ungenau bekannt und die Versetzung durch Wind und Strom ungenau eingeschätzt worden sein können.
Aber auch die Distanz kann fehlerhaft sein, ob sie nun durch Loggen oder aus den Maschinenumdrehungen bestimmt ist.
Auch hier rechnet man mit einer Unsicherheit von 4 bis 5 Prozent, das heißt bei 100 Seemeilen mit 4 bis 5 Seemeilen Unsicherheit.
Und dann: Setzt Strom, den man nicht kennt und daher nicht in Rechnung setzt, so wird dieser Strom uns versetzen. Um wieviel? In welcher Richtung?
Aus allen diesen Gründen muß man auf jeden Fall noch Mittel in die Hand bekommen, den Schiffsort anders zu bestimmen, um derartige Versetzungen rechtzeitig zu bemerken.
Wir kommen damit zu den wichtigen Methoden der Bestimmung des Schiffsortes.
Den aus den Versegelungen bestimmten Schiffsort nennen wir den *Loggeort* oder den *gegißten Ort* im Gegensatz zu dem *wahren Ort,* den wir durch Peilungen, Abstandsbestimmungen oder Lotungen bestimmen.
Erhalten wir einen anderen wahren Ort als den Loggeort, so haben wir eine *Besteckversetzung* gehabt.

Besteckversetzung wird dadurch beschrieben, daß man die rechtweisende Richtung, in der das Schiff versetzt ist, und den Betrag in Seemeilen, um den es versetzt ist, angibt (siehe Seite 130).

3. Bestimmung des Schiffsortes

● *In Sicht der Küste*

Schiffsortbestimmungen sind in Sicht der Küste leichter und zuverlässiger auszuführen als mitten auf dem Meer, denn an der Küste stehen Landmarken und Seezeichen zur Verfügung – wenn nicht Nebel alle Sicht verhindert.
Wir nehmen an, daß wir uns an der Küste befinden und das Wetter klar ist. Drei Größen können wir bestimmen:

1. Richtungen (Peilungen)
2. Abstände
3. Wassertiefen (Lotungen)

Peilen

Peilen heißt: die Richtung bestimmen, in der sich ein Gegenstand von uns befindet.
Zum Peilen brauchen wir einen Kompaß, und zwar wollen wir nicht „über den Daumen peilen", sondern benutzen einen *Peilaufsatz,* einen Peildiopter (Abb. 75).
Er besteht aus zwei mit Einschnitten versehenen Messingplatten (A und B), die auf einem drehbaren Ring oder auf einer um den Führungsstift in der Mitte des Glasdeckels des Kompaßkessels drehbaren Schiene so angebracht sind, daß sie einander genau gegenüberstehen. Sie sind meistens herunterklappbar angeordnet. Beim Peilen müssen sie senkrecht stehen. Der eine, an den wir das Auge heranbringen (A), hat nur einen schmalen Spalt, der andere, der dem zu peilenden Gegenstand zugewandt ist, ist mit einem breiten Ausschnitt mit ausgespanntem Faden versehen.
Am besten peilen wir an einem Kompaß, der frei auf einem Peildeck steht und von dem aus wir nach fast allen Richtungen gute Sicht haben. Befindet sich nur ein Kompaß an Bord, so darf er nicht so stehen, daß man nicht peilen kann.

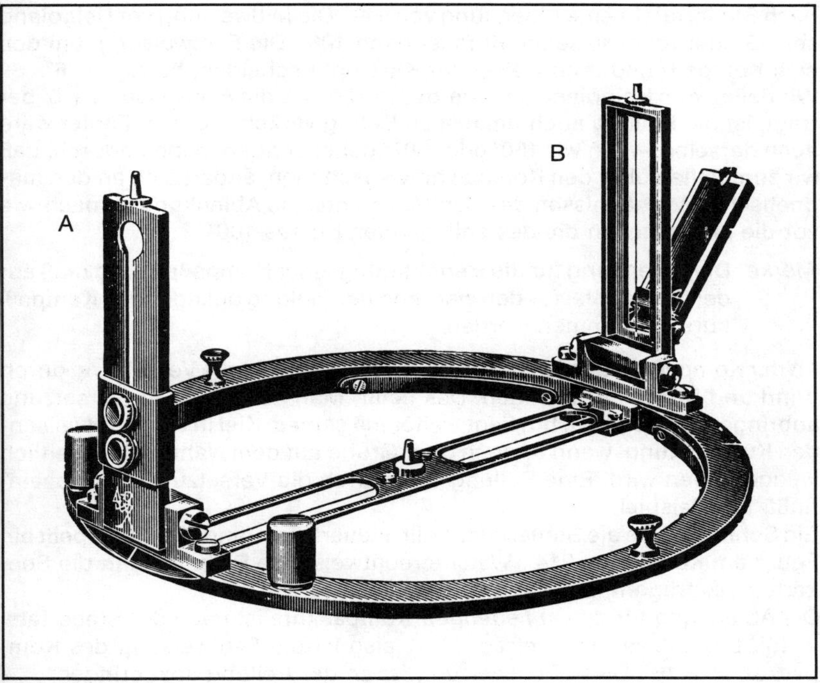

Abb. 75 Peilaufsatz

Beim Peilen darf man sich am Kompaß nicht festhalten – er darf dabei nicht berührt werden.
Die Peilungen am Kompaß sind *Kompaß*peilungen, das heißt: Sie geben den Winkel zwischen der Peilungsrichtung und *Kompaß*-Nord an. Solche Peilungen kann man aber nicht in die Seekarte eintragen.
Da der Kompaß eine Fehlweisung hat, ist die Peilung um diesen Winkelbetrag der Fehlweisung falsch. Wir müssen also unsere Peilungen nach den Regeln, die wir für Kursverwandlungen aufgestellt haben, verwandeln, ehe wir sie in die Seekarte eintragen können. Steuern wir zum Beispiel auf dem Kompaßkurs 100° an Helgoland vorbei, so hat der Kompaß auf diesem Kurs

nach Steuertafel 1 eine Ablenkung von + 9°. Die Mißweisung vor Helgoland sei – 3°, der rechtweisende Kurs ist dann 106°. Die Fehlweisung, um den sich Kompaß- und rechtweisender Kurs unterscheiden, beträgt + 6°.
Wir peilen nun Helgoland am Kompaß in 180°. Da die Fehlweisung + 6° beträgt, ist die Peilung auch um diesen Betrag verkehrt. Dieser Fehler wäre auch derselbe, wenn wir 150° oder 307° gepeilt hätten, denn dadurch, daß wir zum Peilen über den Kompaß hinwegschauen, ändert sich an den magnetischen Verhältnissen des Schiffes nichts, die Ablenkung ist nach wie vor die alte, nämlich die des anliegenden Kurses 100°.

Merke: Die Ablenkung für die Berichtigung einer Kompaßpeilung muß aus der Steuertafel für den während der Peilung anliegenden Kompaßkurs entnommen werden.

An der Kompaßpeilung ist nur die Fehlweisung, nicht die Versetzung durch Wind und Strom anzubringen. Das heißt: Man darf nicht die Versetzung anbringen, denn das Schiff liegt weiter mit seinem Kiel in der rechtweisenden Kursrichtung, wenn es auch über Grund auf dem wahren Kurs seitlich weggetrieben wird. Eine Peilung wird durch die Versetzung nicht beeinflußt. Ein Beispiel:
Ein Schiff, für das die Steuertafel 1 gilt, steuert am Kompaß 94° und peilt ein Feuer am Kompaß in 214°. Welche rechtweisende Peilung ist in die Seekarte einzutragen? Mißweisung = + 6°.
Die Ablenkung für den *anliegenden* Kompaßkurs ist nach der Steuertafel + 10°. Die Mißweisung beträgt + 6°, also ist die Fehlweisung des Kompasses = + 16°. Diese Fehlweisung ist an der Peilung anzubringen.

Kompaßpeilung (Kp↗)	=	214°
Fehlweisung (Fw)	=	+ 16°
rechtweisende Peilung (rw↗)	=	230°

Dasselbe Schiff peilt etwas später ein anderes Feuer quer an Backbord. Wie lautet die rechtweisende Peilung?
Die Richtung quer an Backbord zum Kurs ist 94° – 90° = 4°. Bringt man an dieser Peilung die Fehlweisung an – dieselbe, denn wir haben ja nicht den Kurs geändert – erhält man:

Kp↗	=	4°
Fw	=	+ 16°
rw↗	=	20°

● Übungsaufgaben

1. Ein Schiff steuert am Kompaß 106° und peilt ein Feuer in der Kompaßpeilung 350°. Die Mißweisung ist – 2°. Es gilt die Steuertafel 1.
Wie lautet die rechtweisende Peilung?

2. Ein Schiff, das den Kompaßkurs 190° steuert, peilt Feuer A in 210°, Feuer B in 177°. Mißweisung – 2°. Steuertafel 1.
Wie lauten die rechtweisenden Peilungen?

3. Ein Schiff peilt, während 231° anliegen, ein Feuer A in 11°, ein anderes Feuer B recht voraus. Es gilt Steuertafel 1. Mißweisung – 6°.
Welche rechtweisenden Peilungen ergeben sich?

Weitere Verwandlungen werden wir bei den Aufgaben zur Kreuz-, Doppel- und Vierstrichpeilung durchzuführen haben.
Hier nur noch ein Beispiel in der Karte D.50[D] Deutsche Bucht, bei dem eine zu erwartende Peilung vorher aus der Seekarte entnommen werden soll.
Ein Schiff steht auf 55°30′N 7°15′O. Wie muß es Feuerschiff Horns Rev am Kompaß peilen, wenn es 345° am Kompaß steuert? Es gilt Steuertafel 1.
Aus der Seekarte entnehmen wir als rechtweisende Peilung des Feuerschiffes vom Schiff aus 34°. Die Mißweisung beträgt –4°.

rw↗	=	34°
entg. Mw	= +	4°
mw↗	=	38°
entg. δ für 345°	= +	5°
Kp↗	=	43°

Wir können die Richtung auch in der Weise bestimmen, daß wir sie zum gepeilten Gegenstand hin auf die Kielrichtung des Schiffes beziehen, eine *Seitenpeilung* machen.
Die Seitenpeilung ist der Winkel zwischen Peilrichtung und Kielrichtung des Schiffes. Diese Seitenpeilung hängt naturgemäß mit der Kompaßpeilung zusammen, wie wir aus Abb. 76 ersehen.
Für den Fall der Vollkreisteilung lautet die Umwandlungsvorschrift:

Seitenpeilung + Kompaßkurs = Kompaßpeilung

Um derartige Seitenpeilungen zu bekommen, bedienen wir uns einer *Peilscheibe.* Sie ist kardanisch aufgehängt und zu empfehlen für den Fall, daß an Bord kein Platz ist, eigens einen Peilkompaß aufzustellen. Oft ist auch

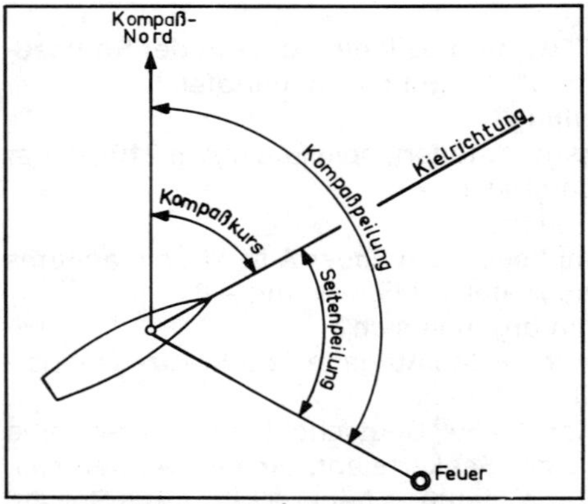

Abb. 76 Seitenpeilung + Kompaßkurs = Kompaßpeilung

auf dem Kompaßrand eine derartige Seitenpeilungsteilung eingraviert.
Die Yachtpeilscheibe in Abb. 101 (Seite 158) ist kardanisch aufgehängt und wird in eine auf dem Schiff fest eingebaute Halterung eingeschoben. Halterungen sollen an Steuerbord und Backbord, beispielsweise auf dem Kajütdach, angebracht sein, damit man die Peilscheibe schnell auf die andere Bordseite umsetzen kann.
Der Peilaufsatz kann ebenso wie das Pendel festgestellt werden, damit man die Peilung in Ruhe ablesen kann.
Es sind verschiedene Bezeichnungsweisen üblich gewesen, aber eigentlich sollten wir auch hier nur eine Vollkreisteilung verwenden, die mit „recht voraus" beginnend im Uhrzeigersinn herum über Steuerbord, achteraus, Backbord bis 360° läuft.
Es ist aber auch noch üblich, die Peilungen viertelkreisig anzugeben, das heißt von vorn und achtern beginnend je bis dwars an Steuerbord oder Backbord.

Es entspricht dann der Seitenpeilung

in Vollkreisangabe	die viertelkreisige Angabe
30°	30° Stb. voraus
165°	15° Stb. achteraus
300°	60° Bb. voraus
270°	Bb. querab
usw.	

● Übungsaufgaben

1. Ein Schiff steuert am Kompaß 93°, es gilt Steuertafel 1, die Mißweisung ist + 5°. Man peilt ein Feuer quer an Backbord.
Wie lautet die rechtweisende Peilung?
2. Auf einer Yacht peilt man ein Feuer A achteraus an Backbord in 35°, während am Kompaß 200° anliegen (Mißweisung –5°, Steuertafel 1).
Wie lautet die rechtweisende Peilung?
3. Man peilt an der Peilscheibe Norderney in 300°, während 261° am Kompaß anliegen. Mißweisung –4°, Steuertafel 1.
Wie lautet die rechtweisende Peilung?

Abstand bestimmen

Den Abstand von einem Küstenpunkt zu messen, ist nur in Sonderfällen möglich.
Vor dem *Schätzen* ist dringend zu warnen. Jeder erfahrene Seemann weiß, wie sehr man sich bei größeren Abständen, besonders bei diesigem Wetter, bei Nacht, täuschen kann!
Wir merken uns: Eine Abstandsbestimmung liefert die Beobachtung eines *Feuers in der Kimm.*
Die Bestimmung des Augenblicks, in dem ein Feuer gerade in der Kimm auftaucht bzw. verschwindet, wenn wir uns von der Küste entfernen, liefert uns den Abstand. Denn die Sichtweite des Feuers ist bekannt. Und wir haben schon im Kapitel II gelernt, wie man die Sichtweitenangabe des Leuchtfeuerverzeichnisses auch für die Augeshöhe ausnutzen kann.
Das Verfahren ist allerdings nicht sehr genau, da man sich zum Beispiel bei diesigem oder regnerischem Wetter dem Feuer viel weiter nähern muß, ehe man es überhaupt in Sicht bekommt, als bei klarer Luft. Da man die Kimm bei solchem Wetter meist nicht scharf ausmachen kann, merkt man nicht, daß das Feuer in dem Augenblick, wo man es zuerst erblickt, schon über der Kimm steht.
Die *Entfernung der Kimm* vom Beobachter kann gelegentlich auch einen Anhalt geben. Sie beträgt bei

1 m Augeshöhe	2 sm
2 m Augeshöhe	3 sm
3 m Augeshöhe	3,5 sm
4 m Augeshöhe	4 sm
5 m Augeshöhe	4,5 sm
6 m Augeshöhe	5 sm

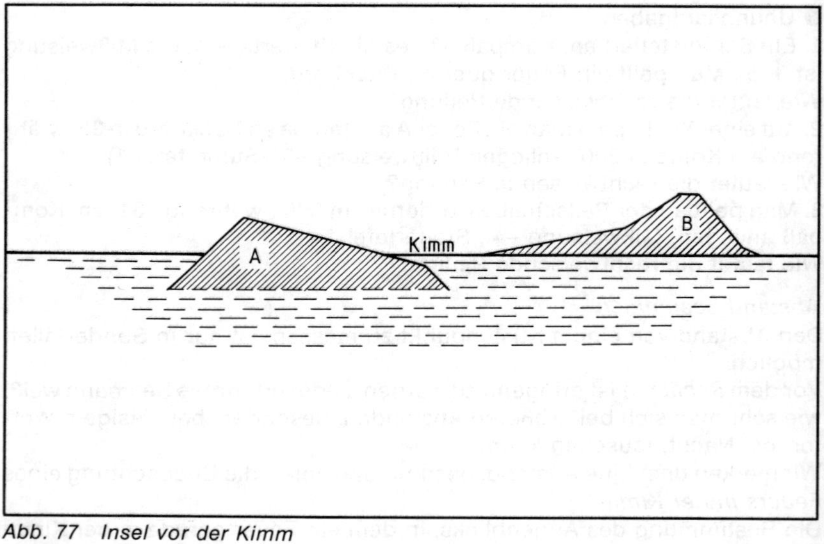

Abb. 77 Insel vor der Kimm

Sieht man also bei 2 m Augeshöhe zum Beispiel eine Insel A oder ein anderes Objekt vor der Kimm, dann ist es weniger als 3 sm entfernt (Abb. 77). Ist aber, wie im Fall B, die Kimm vor dem Objekt vollständig zu sehen, so liegt es weiter als 3 sm entfernt.

Auch der *Schall* kann uns gelegentlich helfen. Da er in einer Sekunde 333 m zurücklegt, also für eine Seemeile ungefähr 5 Sekunden braucht, kann man den Abstand angenähert dadurch erhalten, daß man die Zeit mißt, die vom *Sehen* der Abgabe des Schallsignals (aufsteigender Dampf einer Dampfpfeife, Aufblitzen eines Kanonenschusses) bis zum *Hören* des Schalls verstreicht. Wir sehen nämlich ein Ereignis sofort, der Schall aber wandert langsam. Er kommt zum Beispiel nach 15 Sekunden bei uns an. Dann sind wir etwa 3 sm von dem Ereignis entfernt.

Wir merken uns:

Anzahl der Sekunden geteilt durch 5 = Abstand in sm

Das Verfahren ist ebenfalls nicht sehr genau.

Wer ein Winkelmeßgerät an Bord hat, kann seinen Abstand von einem Objekt der Küste durch eine Höhenwinkelmessung bestimmen (Abb. 78). Ist H die Höhe des Turms, n der gemessene Höhenwinkel in Bogenminuten, dann ist der Abstand e des Beobachters vom Turm:

$$e = \frac{13}{7} \times \frac{H}{n} \text{ sm}$$

Beispiel: Man mißt den Höhenwinkel eines 65 m hohen Leuchtturmes zu 45′. Dann ist man von ihm

$$e = \frac{13 \times 65}{7 \times 45} = 2{,}7 \text{ sm}$$

entfernt.

Man mißt bei Leuchttürmen die Höhe der Laterne über der Wasserlinie. Die Höhe ist im Leuchtfeuerverzeichnis in der rechten Spalte angegeben. Die Höhe über dem Erdboden (in der linken Spalte) benutzen wir bei der Abstandsbestimmung nicht, denn meistens ist der Fußpunkt des Turms nicht einwandfrei auszumachen.

Loten

Die einzelne Lotung kann nur ein sehr ungenaues Hilfsmittel der Ortsbestimmung sein, denn zumeist ist das Gefälle auf dem Meeresgrund sehr gering; die Wassertiefe ist auf weite Gebiete hin ein und dieselbe. Aussicht

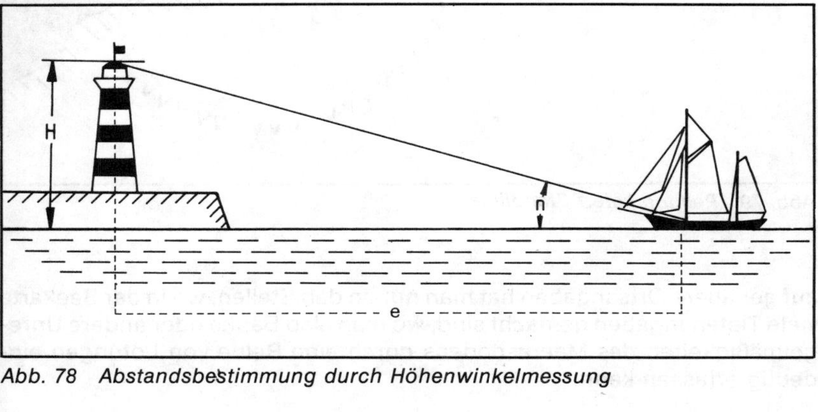

Abb. 78 Abstandsbestimmung durch Höhenwinkelmessung

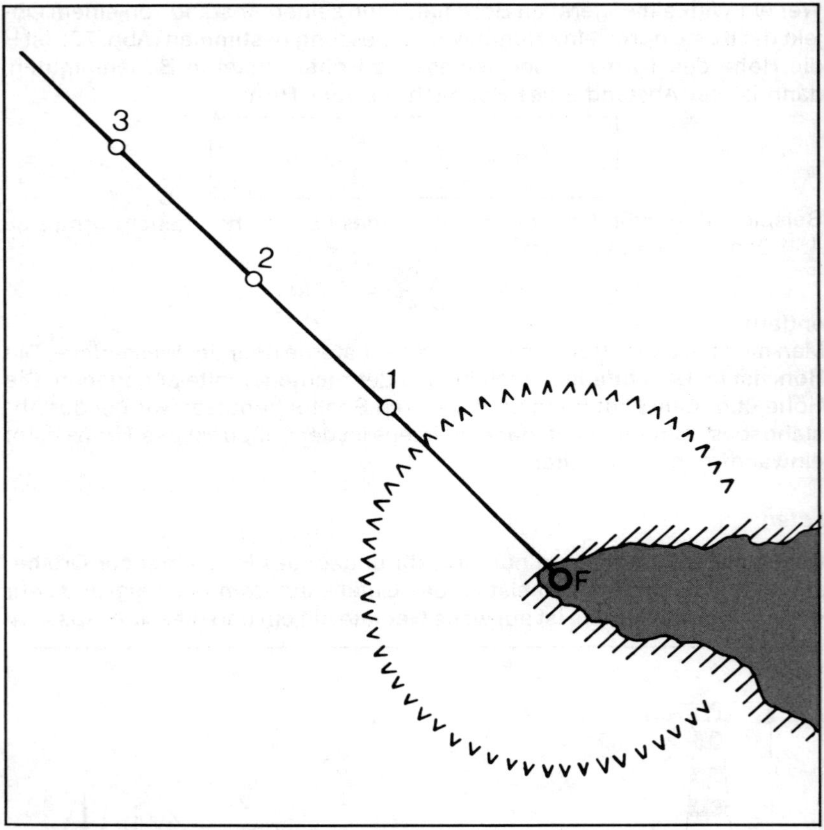

Abb. 79 Peilung liefert Standlinie

auf genauere Ortsangaben hat man nur an den Stellen, wo in der Seekarte viele Tiefenangaben gemacht sind, wo man also Bänke oder andere Unregelmäßigkeiten des Meeresbodens durch eine Reihe von Lotungen eindeutig erfassen kann.

In Gezeitengewässern wie in der Deutschen Bucht müssen alle Lotungen auf Kartennull beschickt werden, wenn nicht bei Niedrigwasser gelotet wurde (davon mehr in Kapitel V).

Standlinien

Die drei Größen Peilung, Abstand und Wassertiefe geben jedoch einzeln keinen Schiffsort.
Peilen wir beispielsweise ein Feuer in rw 133°, dann können andere Schiffe das Feuer gleichzeitig in derselben Peilung haben, wie etwa 1, 2 und 3 in Abb. 79. Wir wissen nur: In dieser Richtung zum Feuer stehen wir. Wir haben nur eine *Standlinie* für unseren Schiffsort.
Genauso verhält es sich mit einer Abstandsbestimmung (Abb. 80). Einen Abstand von 3 sm von einem Feuerschiff haben außer uns auch die Schiffe 1, 2 und 3, die auf einem Kreis um das Feuer herum stehen, der als Halbmesser 3 sm hat. Doch auch die Abstandsmessung ergibt nur eine Standlinie.
Die Standlinie ist bei der Peilung eine Gerade, bei der Abstandspeilung ein Kreis.
Die Lotung liefert nicht so einfache Standlinien, denn die Linien gleicher Wassertiefe, die 10-Meter-Linien zum Beispiel, sind recht krumme Gebilde. Aber auch diese Tiefenlinien sind Standlinien für das Schiff (Abb. 81).
Der Sextant bietet eine vierte Möglichkeit zur Gewinnung von Standlinien.

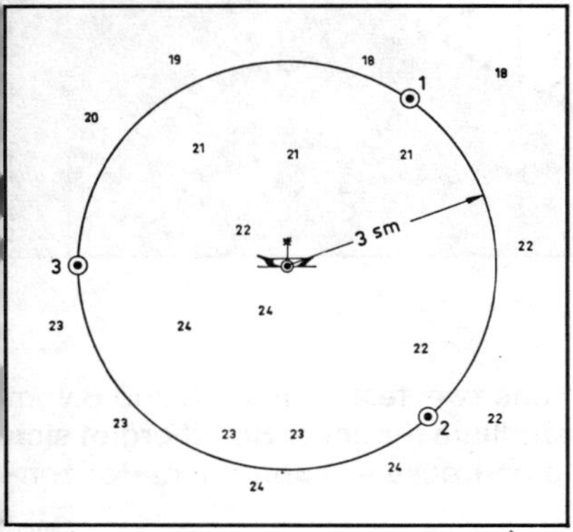

Abb. 80 Abstandsbestimmung liefert Standlinie

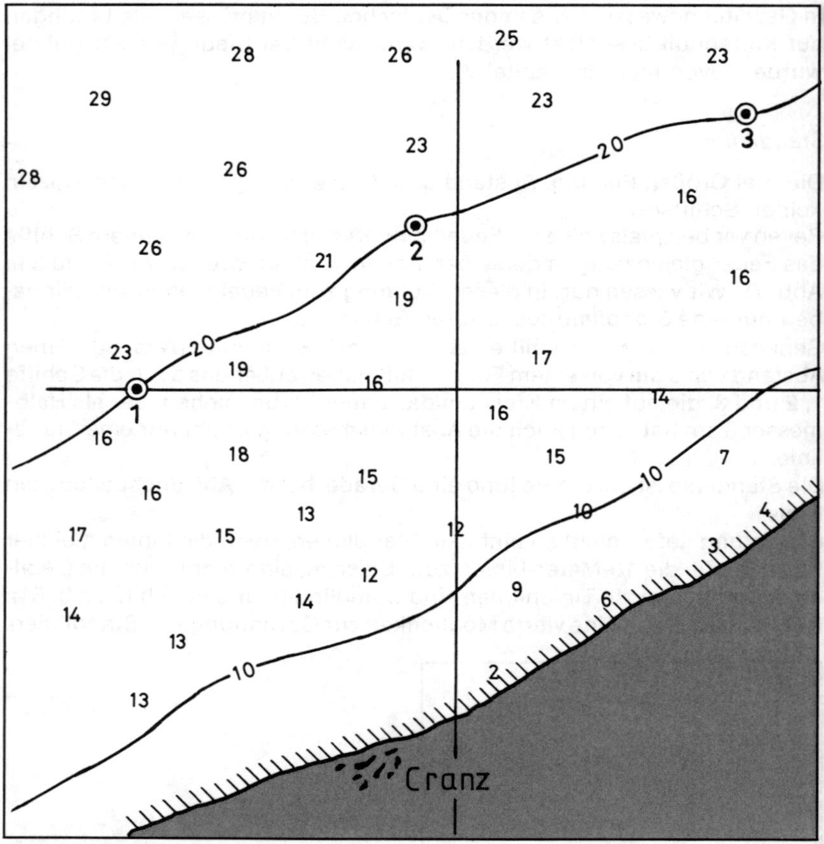

Abb. 81 Lotung liefert Standlinie

Horizontalwinkel messen

Wir bestimmen den Winkel, unter dem uns zwei feste Punkte A und B vom Schiff aus erscheinen (Abb. 82). Als Standlinie für unser Schiff ergibt sich ein Kreis. Die Schiffe 1, 2 und 3 sehen die Strecke A B unter dem Horizontalwinkel 55°.

Den Mittelpunkt dieses Kreises findet man folgendermaßen:

1. Fall: Winkel ist kleiner als 90°. Man trägt den Winkel

90° weniger Horizontalwinkel

in den beiden Punkten A und B an die Verbindungslinie (nach der Seite des Schiffes hin) an. Der Schnittpunkt der beiden Schenkel ist der gesuchte Mittelpunkt des Kreises, auf dem das Schiff steht.

2. Fall: Winkel ist größer als 90°. Man trägt den Überschuß über 90°, also den Winkel

Horizontalwinkel weniger 90°

(nach der anderen Seite) ab und verfährt entsprechend.

Ortsbestimmung durch Standlinien

Erst zwei Standlinien, die sich schneiden, liefern einen Schnittpunkt und damit einen Ort, der beide Bedingungen erfüllt: den Schiffsort. Alle Verfahren der Ortsbestimmung, die wir im folgenden besprechen, müssen daher *zwei* Standlinien ergeben.

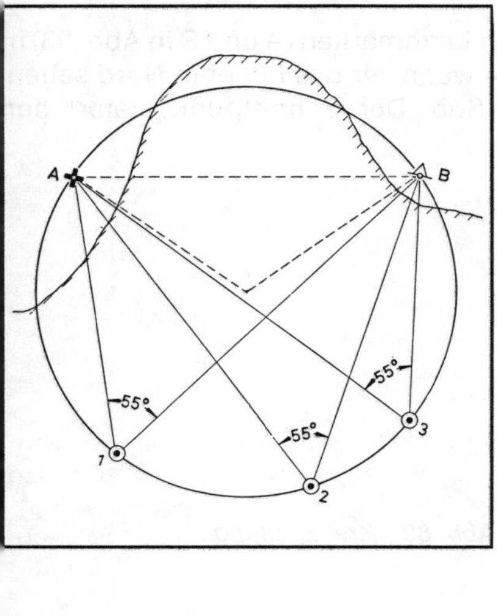

Abb. 82 Horizontalwinkelmessung liefert Standlinie

Da bestehen nun viele Möglichkeiten, je nachdem, welche Größen wir benutzen. Die Auswahl richtet sich nach den Verhältnissen: Bei jedem Verfahren haben wir zu überlegen, welche Möglichkeit die jeweils günstigste ist. Wir nehmen die Verfahren vorweg, bei denen man sich nur der Peilungen bedient, und erörtern als erstes die Frage: Welche Objekte eignen sich, und welche wähle ich aus, wenn ich mehrere zur Verfügung habe?

● Nahe Gegenstände sind den entfernteren vorzuziehen, denn Peilfehler, die man nie ganz vermeiden kann, sind um so weniger wirksam, je näher man dem gepeilten Gegenstand ist.

● Bei mehreren Peilungen sind die Objekte so auszuwählen, daß der Winkel zwischen den Peilungen nicht zu klein wird. Am günstigsten ist ein Winkel von 90° zwischen den beiden Peilungen.

Peilen kann man Leuchtfeuer, Türme, Baken, besonders auffällige Gebäude, Mühlen, Kirchen usw., soweit sie in der Seekarte eingezeichnet sind.

Kreuzpeilung

Haben wir genügend Landmarken zur Verfügung, mindestens zwei in geeigneter Lage, dann peilen wir beide gleichzeitig bzw. nacheinander. Die beiden Standlinien kreuzen sich im Schiffsort. Daher der Name Kreuzpeilung.

Wir tragen die beiden Peilungen in den Landmarken (A und B in Abb. 83) in *entgegengesetzter* Richtung an, denn wenn wir das Feuer in Nord sehen, sieht der Leuchtturmwärter uns in Süd. Der Schnittpunkt liefert den Schiffsort.

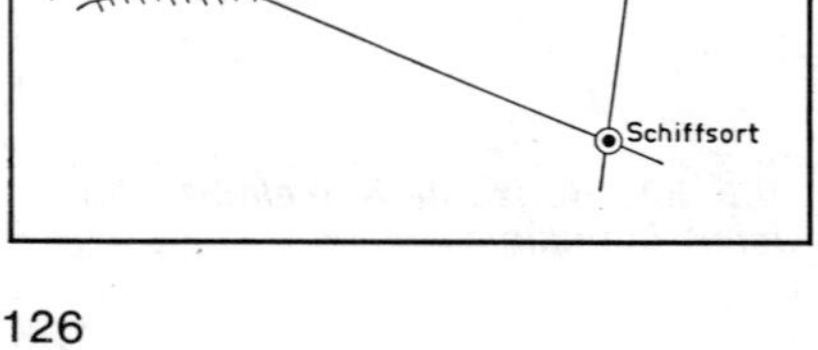

Abb. 83 Kreuzpeilung

Die Kompaßpeilungen müssen erst in rechtweisende Peilungen verwandelt werden, ehe wir sie eintragen. Dabei nehmen wir als Ablenkung jene des *anliegenden Kurses* – und nicht jene für die Peilung, wie es Anfängern häufig passiert.

● Übungsaufgaben

Übungskarte D.50^{D} bzw. beigefügter Kartenausschnitt:

1. Ein Schiff peilt die Kirche von Cuxhaven in rw 275° und fast gleichzeitig die Kirche von Altenbruch in rw 200°.
Wo steht das Schiff? Wie weit ist es von Altenbruch entfernt?
2. Auf der Fahrt nach Bremerhaven peilt man Wangerooge Leuchtturm in rw 218° und den Leuchtturm Roter Sand in rw 75°.
Wo steht das Schiff?
3. Ein Schiff peilt Ameland in rw 230° und gleichzeitig Schiermonnikoog in rw 127°.
Wo steht das Schiff? Wie weit ist es von den beiden Feuern entfernt?
4. Ein Schiff befindet sich auf der Fahrt von Esbjerg nach Hamburg. Es beobachtet ein Blitzfeuer, dessen Gruppe von drei Blitzen alle 30 Sekunden wiederkehrt, und peilt es in rw 112°. Gleichzeitig peilt es das Blitzgruppenfeuer von Hörnum in rw 46°.
Wo steht das Schiff?

Bei dieser Aufgabe muß als erstes der Name des gesichteten Feuers ermittelt werden. Wir suchen das heraus, das mit Blz. (3) bezeichnet ist. Es ist Amrum. Im Leuchtfeuerverzeichnis sehen wir nach, ob die beobachtete Wiederkehr mit diesem Feuer übereinstimmt.

Wir finden das Feuer in der Namensliste vor dem blauen Einschlußblatt und schlagen dann die laufende Nummer 06110 auf. Danach ist die Kennung des Feuers von Amrum wie folgt:

Blitz	1,0 s
kurze Pause	6,5 s
Blitz	1,0 s
kurze Pause	6,5 s
Blitz	1,0 s
lange Pause	14,0 s
Wiederkehr	30,0 s

Also haben wir das Feuer von Amrum beobachtet. Wir tragen die entgegengesetzten Peilungen ein und finden damit den Schiffsort.

5. Ein Schiff peilt Helgoland in rw 207°
Feuerschiff Elbe 1 in rw 185°
Heultonne Süderpiep in rw 64°

Wo steht das Schiff?
In diesem Falle sind drei Peilungen gemacht worden. Das ist immer dann zu empfehlen, wenn so viele Marken zur Verfügung stehen. Die drei Peilungen müssen sich in einem Punkt schneiden oder jedenfalls in einem kleinen Dreieck, dessen Mittelpunkt der gesuchte Schiffsort ist. Schneiden sie sich nicht, ist eine der Peilungen falsch.
6. Ein Schiff peilt, während am Kompaß 59° anliegen, Feuerschiff Elbe 1 am Kompaß in 76° und gleich danach die Heultonne Nordergründe N am Kompaß in 200°. Es gilt Steuertafel 1.
Wo steht das Schiff?

Doppelpeilung

Ist nur *ein* Feuer in Sicht, dann peilen wir es, versegeln, bis das Objekt gut ausgewandert ist, und peilen es dann noch einmal. Die Versegelung muß möglichst genau bekannt sein. Da Strom das Schiff in dieser Zwischenzeit versetzen kann, ist das Verfahren unsicherer als die Kreuzpeilung.

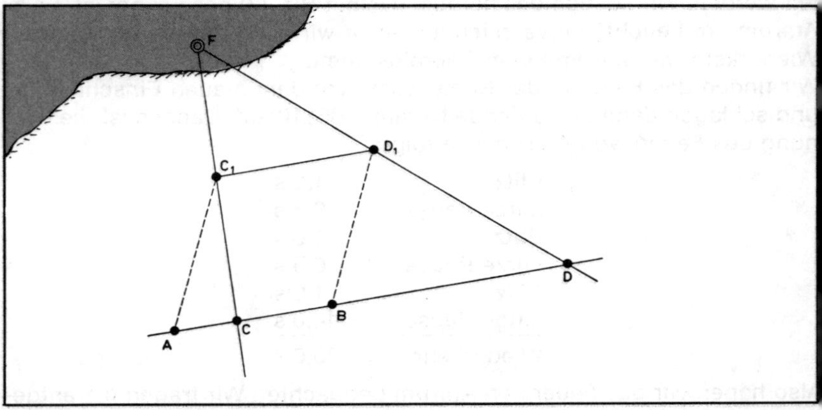

Abb. 84 Doppelpeilung

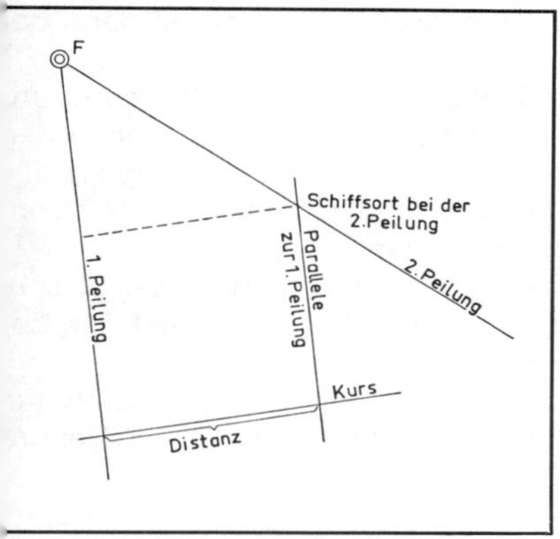

Abb. 85

Nehmen wir an, wir liegen um 10.45 Uhr auf Kurs rw 80° in Punkt A der Abb. 84. Wir peilen das Feuer F in rw 352° und segeln danach den anliegenden Kurs bis 11.30 Uhr weiter bis B. Dann peilen wir das Feuer erneut, diesmal in rw 301°.

Da das Schiff 8 kn läuft, haben wir von 10.45 bis 11.30 Uhr, also in 3/4 Stunden, 6 sm zurückgelegt.

Tragen wir in F in der Seekarte die erste entgegengesetzte Peilung 172° an, so schneidet sie die Kurslinie in C. Das zeigt schon, daß A nicht mehr stimmt, daß wir versetzt sind. Wenn wir in F auch die zweite entgegengesetzte Peilung 122° antragen, so schneidet sie die Kurslinie in D. Die Distanz zwischen C und D ist jedoch nicht 6, sondern 13 sm lang. Was bedeutet das?

Wir stehen offenbar dichter an F, als wir annahmen. Man könnte nun durch Probieren die Entfernung von 6 sm in der Kursrichtung zwischen den beiden Peilungen einpassen, etwa in C_1 D_1. Es würde sich dann herausstellen, daß man bei der zweiten Peilung in D_1 steht.

Oder aber man geht folgendermaßen vor (Abb. 85):

1. Im Feuer F die beiden entgegengesetzten Peilungen antragen.
2. Irgendwo auf der ersten Peilung den Kurs antragen.
3. Auf dem Kurs die Distanz abtragen.
4. Durch den Endpunkt der Distanz eine Parallele zur ersten Peilung ziehen.

Der Schnittpunkt dieser Parallelen mit der zweiten Peilung ist dann der Schiffsort bei der zweiten Peilung.

Wenn man längere Zeit ohne die Möglichkeit einer Ortsbestimmung unterwegs war, wird sich meist ergeben, daß das Schiff wie in dem genannten Beispiel versetzt worden ist. Man gibt dann die *Besteckversetzung* an, das heißt die Richtung und die Distanz, in der das Schiff versetzt ist – stets *vom Loggeort zum richtigen Schiffsort* hin gemessen.

In unserem Beispiel steht das Schiff nach Logge in B, in Wahrheit aber in D_1, ist demnach um B D_1, in Richtung rw 11°, um 6,5 sm versetzt. Die Besteckversetzung betrug also rw 11° 6,5 sm.

Dieselbe Besteckversetzung ergibt sich, wenn wir den Vergleich um 10.45 Uhr durchführen, wo das Schiff nach Logge in A, nach den Peilungen in C_1 stand.

● Übungsaufgaben

Kartenausschnitt der D.50^{D} Deutsche Bucht:

1. Ein Schiff peilt die Kirche von Juist in rw 185°, segelt dann 3 sm in rw 82° und peilt nun dasselbe Objekt in rw 237°.
Wo steht es bei der zweiten Peilung? Wie weit ist es bei der zweiten Peilung von der Juister Kirche entfernt?

2. Es gilt Steuertafel 1. Ein Schiff, das am Kompaß 13° steuert, peilt den Leuchtturm Alte Weser am Kompaß in 60°, nach weiteren 3 sm in 75°.
Wo steht es bei der zweiten Peilung, und wie weit ist es vom Leuchtturm entfernt?

Übungskarte D.53^{D} Nordansteuerung zum Kanal:

3. Ein Schiff peilt Eierland auf Texel in rw 125°, segelt 7 sm auf dem anliegenden Kurs rw 233° weiter und peilt dann dasselbe Feuer in rw 86°.
Wo steht es bei der zweiten Peilung? Wo stand es bei der ersten Peilung?

4. Man peilt auf dem rw-Kurs 219° Feuerschiff Texel in rw 290° und nach weiteren 3 sm auf demselben Kurs in rw 337°.
Wo steht man jetzt? Wie weit ist man vom Feuerschiff entfernt? Was zeigt das Lot an dieser Stelle bei Niedrigwasser an?

5. Ein Schiff peilt auf dem Kompaßkurs 16° die Tonne vor Ijmuiden am Kompaß in 111° und nach 3 sm auf demselben Kurs am Kompaß in 150°. Es gelte Steuertafel 1.
Wo steht es jetzt? Wie ist sein Abstand bei der zweiten Peilung?

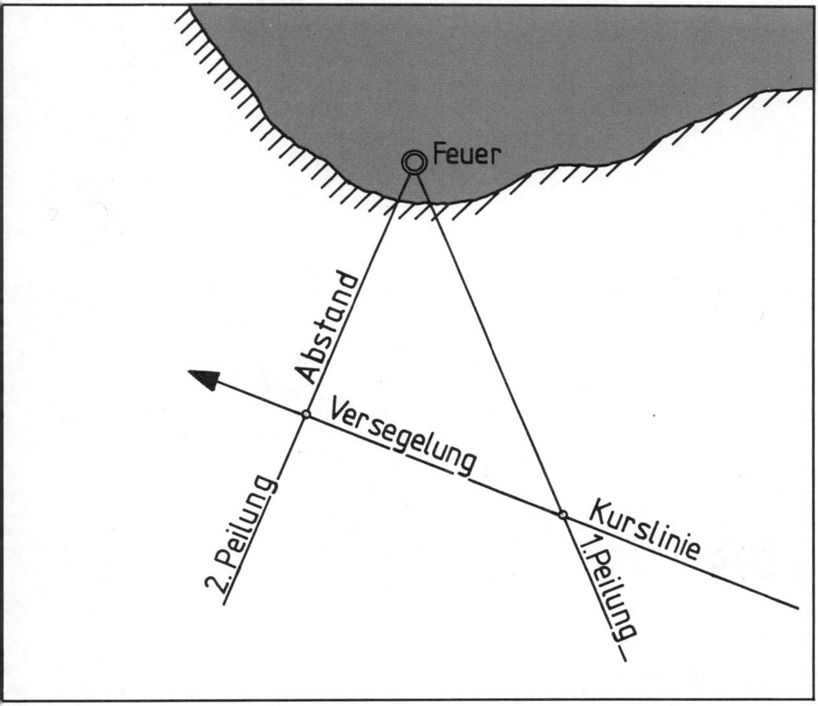

Abb. 86 Vierstrichpeilung

6. Ein Schiff peilt Scheveningen in rw 166°, segelt 7 sm in rw 35° und peilt nun Noordwijk an Zee in rw 114°.
Wo steht das Schiff jetzt?

Kommt das erste Feuer inzwischen außer Sicht, kann zur zweiten Peilung ein anderes, inzwischen durchgekommenes Feuer benutzt werden. Wir sprechen dann von einer *abgestumpften Doppelpeilung.* Die zweite Peilung ergibt genau wie sonst mit der um den Betrag der Segelung verschobenen ersten Peilung den Schiffsort.

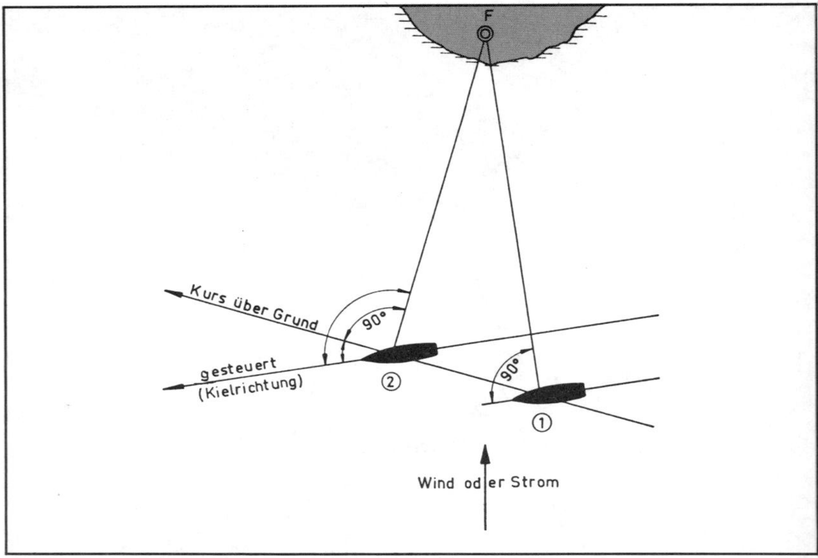

Abb. 87 Vierstrichpeilung bei Wind- oder Stromversetzung

Vierstrichpeilung

Ein Sonderfall der Doppelpeilung ist die häufig angewandte Vierstrichpeilung. Wir peilen ein Feuer einmal, wenn es 4 Strich voraus, das heißt in 45° Seitenpeilung, liegt, zum zweitenmal, wenn es sich dwars, das heißt in 90° Seitenpeilung, befindet. Abb. 86 zeigt, daß der Querabstand des Schiffes dann gleich der versegelten Distanz ist.

45° und 90° sind Seitenpeilungen – es wäre also möglich, hierzu die Peilscheibe zu benutzen. Wir können uns aber auch ein für allemal an Bord bestimmte Marken schaffen, die die Richtungen 45° und 90° stets sofort liefern. Wir können schließlich auch erst quer und dann achteraus in 45°, also in der Seitenpeilung 135° peilen.

Wenn wir gegen Wind oder Strom vorhalten, so ist bei der Vierstrichpeilung der Vorhaltewinkel zu berücksichtigen. Denn wir machen *Seiten*peilungen, und Seitenpeilungen beziehen sich auf die Kielrichtung des Schiffes.

In Abb. 87 hält das Schiff gegen den aus Süd kommenden Wind oder Strom vor, um den Weg 286° über Grund zurückzulegen. Die Landmarke F befindet sich quer zur Kielrichtung des Schiffes, wenn es im Punkt 1 steht. Quer zu der Kurslinie, die wir in der Seekarte eintragen wollen (286°), steht das Feuer erst in 2, wo wir es bereits achteraus peilen.

Wenn man sich für den jeweiligen Fall eine ähnliche Zeichnung anfertigt, so kann man die Seitenpeilung leicht richtig finden.

Die Überlegungen über die Genauigkeit der Doppelpeilung gelten gleichermaßen für die Vierstrichpeilung.

● Übungsaufgaben

1. Ein Schiff peilt Kampen auf Sylt (Karte D.50^{D}) auf dem rw-Kurs 208° in 45° voraus an Backbord, nach 2 sm quer an Backbord.
Wo steht das Schiff jetzt?
Der Querabstand ist gleich der gesegelten Distanz, also gleich 2 sm. Man trägt also in Kampen mit dem Kursdreieck die Querpeilung senkrecht zum Kurs an, trägt darauf von Kampen aus 2 sm ab und hat damit den gesuchten Schiffsort.
2. Ein Schiff, das mit 8 kn Fahrt am Kompaß 118° steuert, peilt um 9.20 Uhr Blåvandshuk in 45° an Steuerbord voraus, um 9.35 Uhr quer. Es gelten Steuertafel 1 und Mißweisung für das Jahr 1980.
Wo steht das Schiff bei der Querpeilung? Wie weit ist es von Blåvandshuk ab?

Übungskarte D.49 Mündungen der Jade, Weser und Elbe; Steuertafel 1:

3. Ein Schiff hat auf rw-Kurs 314° den Leuchtturm Roter Sand in 45° an Steuerbord voraus, nach 1 sm auf demselben Kurs quer.
Wo steht es jetzt? Wie weit ist es vom Leuchtturm entfernt?
4. Auf dem Kompaßkurs 131° haben wir die Kirche von Wremen 4 Strich voraus an Backbord, nach 2 sm quer.
Wo stehen wir jetzt?
5. Ein 6 kn laufendes Fahrzeug peilt auf dem Kompaßkurs 314° um 17.10 Uhr den Turm von Neuwerk quer, um 17.35 Uhr 4 Strich achteraus.
Wo steht das Schiff bei der zweiten Peilung? Welchen Abstand hat es dann?

Peilung und Abstand

Wie bei Kreuz- und Doppelpeilungen zwei Peilungen als Standlinien, alsc zwei Geraden zum Schnitt gebracht werden, so kann man auch Peilung und Abstand beobachten, also die Standlinien Gerade und Kreis zun Schnitt bringen und so den Schiffsort bestimmen.

● Übungsaufgaben
Ausschnitt aus der Seekarte D.50^{D} Deutsche Bucht:
1. Wir peilen das Feuerschiff Deutsche Bucht in rw 173° und bestimmer den Abstand vom Feuerschiff mit 2 sm.
Wo stehen wir?
Wir tragen im Feuerschiff die entgegengesetzte Peilung 353° an und darau die 2 sm ab. So erhalten wir den Schiffsort.
2. Ein Schiff peilt Wangerooge-Seefeuer in rw 135°, als es aus 2 m Auges höhe in der Kimm sichtbar wird.
Wo steht das Schiff?
Feuer in der Kimm? Das liefert uns auch einen Abstand. Wir stellen in Leuchtfeuerverzeichnis fest, daß die Sichtweite von Wangerooge-See feuer 20 sm beträgt. Für 2 m Augeshöhe ergibt sich dann der Abstand zu 18 sm.
3. Auf einer Yacht mißt man den Höhenwinkel des 54 m hohen Leucht turms von Norderney, den man auf dem rw-Kurs 125° recht voraus hat, zu 26′.
Wo steht die Yacht?

Peilung und Lotung

Auch die Verwendung einer Lotung in Verbindung mit einer Peilung als Standlinie kann zu einem Schiffsort führen, wie das folgende Beispiel zeig (Abb. 88):
Man peilt, während am Kompaß 228° anliegen, ein Feuer F am Kompaß ir 287° und lotet gleichzeitig 20 m. Wo steht das Schiff? Steuertafel 1.
Wir tragen in F die entgegengesetzte rechtweisende Peilung an. Die rechtweisende Peilung ist, da die Steuertafel 1 gilt (Ablenkung für 228° = –3°, Mißweisung = –3°), 281°, die entgegengesetzte also 101°. Die Peilungs linie schneidet die 20-m-Linie. In diesem Schnittpunkt steht das Schiff.
Ein weiteres Beispiel in der Übungskarte D.50^{D} Deutsche Bucht: Wir peiler

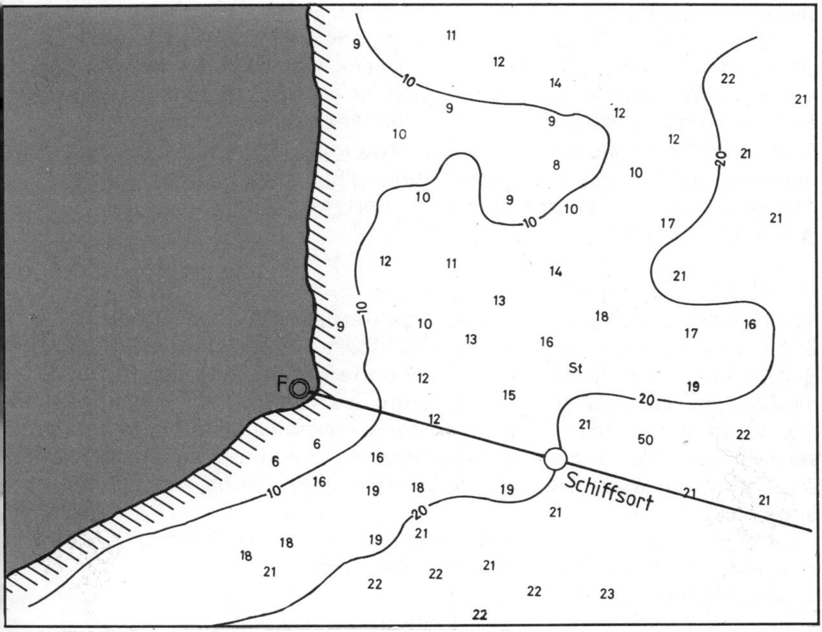

Abb. 88 Peilung und Lotung

auf dem Kompaßkurs 134° recht voraus den Leuchtturm Norderney und loten gleichzeitig 10 m. Wo steht das Schiff? Es gilt Steuertafel 1.
Die rechtweisende Peilung ist 136,5°. Auf der Peilungslinie suchen wir eine Stelle, die 10 m Wassertiefe hat. Das Schiff steht also auf 53°45′N 7°10′O.

Peilung und Horizontalwinkel

Bei dieser Möglichkeit der Schiffsortbestimmung werden Gerade und Kreis als Standlinie zum Schnitt gebracht.

● Übungsaufgaben
Übungskarte D.50 D/ Deutsche Bucht:
1. Ein Schiff peilt Borkum in rw 122° und mißt gleichzeitig den Horizontalwinkel Borkum – Borkumriff-Feuerschiff zu 143°.

Wo steht das Schiff?
Am einfachsten löst man diese Aufgabe ohne die etwas umständliche Konstruktion von Seite 125 auf folgende Weise: Man trägt den Horizontalwinkel 143° irgendwo auf der Peilungslinie an und verschiebt den freien Schenkel des Kursdreiecks parallel, bis er durch das Feuerschiff geht.

2. Ein Schiff peilt die Kirche von Westerland am Kompaß in 138°, während am Kompaß 351° anliegen. Gleichzeitig mißt es den Horizontalwinkel Kirche Westerland – Kampen zu 50°. Steuertafel 1.
Wo steht das Schiff?

Doppelwinkelmessung

Auch zwei Horizontalwinkelmessungen ergeben einen Schiffsort. Diese Schiffsortbestimmung, die drei gut sichtbare Marken voraussetzt, sei zum Schluß auch noch erwähnt, weil sie ohne Benutzung eines Kompasses möglich ist, also auch zur Überwachung des Kompasses, zur Kompaßkontrolle dienen kann (Seite 153). Diese Winkel lassen sich mit dem Sextanten sehr genau messen, genauer jedenfalls, als wir später zeichnen können. Das Verfahren wird daher zur Festlegung der Position von Tonnen usw. angewendet.
Die Konstruktion ergibt sich aus der Anweisung auf Seite 125.
Zusammenstellung der möglichen Verfahren:

1. Ist *ein* Objekt sichtbar:

a) ohne Versegelung:	Peilung und Lotung Peilung und Abstand
b) mit Versegelung:	Doppelpeilung Vierstrichpeilung

2. Sind *zwei* Objekte sichtbar:

a) ohne Versegelung:	Kreuzpeilung Peilung und Horizontalwinkel
b) mit Versegelung:	abgestumpfte Doppelpeilung

3. Sind *drei* oder mehr Objekte sichtbar:
Kreuzpeilung
Doppelwinkelmessung

Standlinien als Gefahrenlinien

Damit der Küste vorgelagerte Bänke, Felsen oder andere Schiffahrtshindernisse sicher umfahren werden, gibt die Segelanweisung oft Grenzlinien an, die nicht überfahren werden dürfen, wenn das Schiff nicht in Gefahr kommen soll: sogenannte Gefahrenlinien.

Sind in der Nähe zwei geeignete Peilobjekte vorhanden, so kann ein Grenz- oder Gefahrenwinkel angegeben werden, der nicht überschritten werden darf. Hat man einen Winkelmesser zur Hand, läßt sich jederzeit schnell kontrollieren, ob man weit genug entfernt steht. Ist der gemessene Horizontalwinkel gleich oder größer als der Gefahrenwinkel, befindet man sich zu dicht an der gefährlichen Untiefe.

● *Bestimmung des Schiffsortes, wenn die Küste nicht in Sicht ist*

Küstenfahrern bleibt fast als einziges Hilfsmittel die Lotung, wenn keine Küste oder andere Objekte in Sicht sind oder wenn Nebel die Sicht nimmt. Es muß dann in gleichbleibenden Abständen gelotet werden, um durch *Reihenlotungen* die Annäherung an Bänke oder an die Küste zu erkennen. Auch Bodenproben müssen herangezogen werden.

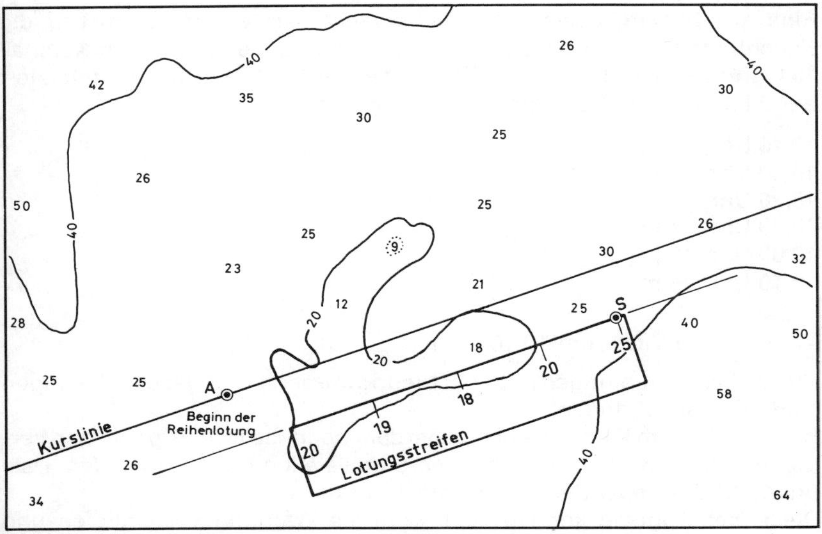

Abb. 89 Verwendung des Lotungsstreifens

Nehmen wir an, daß wir Ölands Rev passiert haben und auf dem rw-Kurs 70° nach Logge in A stehen (Abb. 89). Wir loten 20 m, dann in Abständen von je 3 sm 19 m, 18 m, 20 m, 25 m.
Wo steht das Schiff bei der letzten Lotung?
Um die Aufgabe zu lösen, tragen wir auf einem Streifen Papier oder Pauspapier in Abständen von 3 sm nach dem Randmaßstab die Zahlen 20, 19, 18, 20 und 25 auf, wie es die Abb. zeigt, und verschieben diesen Streifen – immer parallel zum Kurs – in der betreffenden Gegend so lange, bis wir eine Stelle gefunden haben, an der die Tiefenverhältnisse mit unseren Lotungen einigermaßen übereinstimmen.
Die Lotungen ergeben ziemlich eindeutig, daß wir bei der letzten Lotung in S stehen und versetzt worden sind.
Die Größe der Versetzung entnehmen wir der Seekarte.
Die Besteckversetzung betrug in diesem Beispiel etwa rw 120° 2,5 sm.

● Übungsaufgabe
Übungskarte D.50 D Deutsche Bucht:
Eine aus Esbjerg auslaufende Motoryacht passiert um 15.30 Uhr die Leuchttonne Grådyb nahebei an Backbord und steuert nun am Kompaß 194° und 6 kn Fahrt. Um 17.40 Uhr wird es neblig. Die Fahrt wird reduziert auf 3 kn und eine Reihenlotung durchgeführt:

17.40 Uhr: 13 m
18.00 Uhr: 10 m
18.20 Uhr: 9 m
18.40 Uhr: 7 m
19.00 Uhr: 10 m
19.10 Uhr: 14 m

Wo steht die Yacht um 19.10 Uhr?

Um die Zeit der Lotungen herrscht Niedrigwasser; Lotungsbeschickungen sind nicht anzubringen.
Bei unsichtigem Wetter stehen außerdem noch die *Nebelsignale* zur Verfügung, die von den verschiedenen Signalstellen gegeben werden. Darüber gibt das Leuchtfeuerverzeichnis Auskunft.
Diese Nebelsignale können sehr wohl als Warnung vor Untiefen und Schiffahrtshindernissen dienen, eine Schiffsortbestimmung ist mit ihrer

Hilfe jedoch kaum möglich: Der Abstand und auch die Richtung, aus der das Signal kommt, lassen sich nur unzuverlässig ausmachen.

Merke: Der sicherste Schutz sind reduzierte Fahrt und Lotungen.

Übungsbeispiel: Welches Nebelsignal gibt Borkumriff-Feuerschiff?
Wir schlagen in der Namensliste des Leuchtfeuerverzeichnisses Teil III A: Nordsee, S-licher Teil, die laufende Nummer des Feuerschiffes nach: 17350. Unter der Nummer selbst steht dann in der Spalte „Bemerkungen", daß das Feuerschiff mit einem elektrischen Membransender ein Nebelschallzeichen gibt: die Morsebuchstaben BF. Das Signal kehrt alle 20 Sekunden wieder.

4. Standlinien durch Consol

Auch die Standlinien, die die moderne *Funkortung* durch Ausnutzung der elektrischen Wellen liefert, sollten wir uns nicht entgehen lassen, da sie auch bei Nebel und in dunkler Nacht weitab von der Küste ermittelt werden können. Von diesen Verfahren ist eines besonders einfach zu handhaben und erfordert keine besonderen, teuren Apparate: das *Consolverfahren.* In Stavanger an der norwegischen Küste und in Ploneis in Westfrankreich beispielsweise stehen Sendeanlagen, die über große Gebiete Funksignale aussenden, aus denen sich Standlinien für den Schiffsort gewinnen lassen.
Zur Aufnahme dieser Signale genügt ein gewöhnlicher Rundfunkempfänger ohne Schwundausgleich und mit veränderlicher Rückkoppelung, der den Wellenbereich um 1000 m bzw. den Frequenzbereich um 300 Kilohertz erfaßt.
Stimmen wir den Empfänger zum Beispiel auf Stavanger ab: Frequenz 319 kHz. Wir beobachten eine Weile und hören bald einen längeren Dauerstrich. Nach diesem beginnt das eigentliche Signal. Wir hören nun Punkte, die recht schnell aufeinanderfolgen. Wir zählen sie. Sie werden langsam schwächer und gehen in einen Dauerton über, aus dem wir bald Striche heraushören, die wir auch zählen. Plötzlich sind diese kurzen Zeichen zu Ende. Es folgen eine Kennung in Morsebuchstaben (LEC) und ein längerer Dauerstrich. Aber schon nach einer halben Minute beginnen wieder die Punkte. Wir zählen mehrere Male in dieser Weise Punkte und Striche.

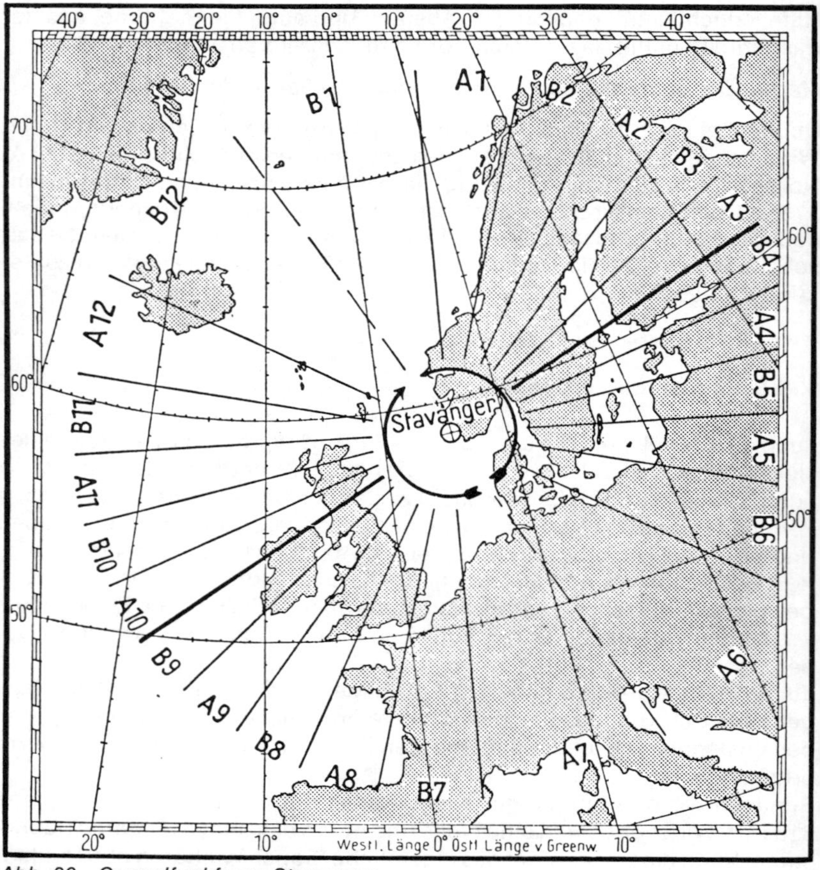

Abb. 90 Consolfunkfeuer Stavanger

Es seien 24 Punkte gezählt, bis der Dauerton begann, dann noch 32 Striche. Es müssen 60 Zeichen sein; wir haben von den 60 aber nur 24 + 32 = 56 Zeichen gehört, also 4 im Dauerton verloren. Wir verteilen sie zu je zwei auf die beobachtete Anzahl Punkte und Striche und haben demnach das Beobachtungsergebnis: 24 + 2 = 26 Punkte, 32 + 2 = 34 Striche.

Dann schlagen wir die *Peiltafel* im *Sprechfunk für Küstenschiffahrt* oder im *Jachtfunkdienst* auf. Wir sehen darin, daß unser Ergebnis nicht eindeutig ist. Die ganze Nordsee ist, wie Abb. 90 zeigt, in *Sektoren* aufgeteilt, die abwechselnd A und B heißen und durchnumeriert sind.
Hören wir zuerst Punkte wie in unserem Falle, sind wir in einem A-Sektor. Hätten wir zuerst Striche gehört, stünden wir in einem B-Sektor.
Diese Sektoren sind auch eingedruckt in die Seekarte D.101 C Nordsee mit Consolnetz, die man sich zulegen sollte, wenn man Consolpeilungen ausnutzen will.
Wir sehen nun in der Karte nach, in welchem Sektor wir uns befinden. Unser Loggeort gibt uns eindeutig die Nummer des A-Sektors, in dem wir stehen (der nächste ist weit weg, es liegt noch ein ganzer B-Sektor dazwischen). Es sei der Sektor A 8.
Für die Sektorennummer (A 8) und die ausgezählte Zeichenzahl (26 Punkte) nennt die Peiltafel die rechtweisende Peilung, in der das Schiff vom Consolfeuer aus liegt, hier rw 208,7°.
Damit haben wir durch Funk eine Standlinie gewonnen, eine *Funkstandlinie,* ohne daß wir das „Feuer" sahen.
Wenn wir nicht zu weit von Stavanger entfernt stehen, können wir diese rechtweisende Peilung wie eine Sichtpeilung verwerten, in die Seekarte eintragen, Kreuzpeilungen machen usw., wie wir es gelernt haben.
In einer Karte mit Consolnetz ist es noch einfacher, weil da zu fast jeder Punkt- oder Strichzahl die Funkstandlinie schon eingedruckt ist.
Wir dürfen dabei nicht näher als 25 Seemeilen an Stavanger herankommen, aber wir hören die Zeichen bis zu 1000 Seemeilen weit.
Nur in der Dämmerung und nachts ist Vorsicht geboten (siehe nächsten Abschnitt).
Nähere Einzelheiten findet man in den großen Lehrbüchern der Navigation. Wer sich auf diese Standlinien verlassen will, der muß viel üben, vor allem auch bei gutem Wetter und wenn er die Ergebnisse kontrollieren kann, weil er seinen Schiffsort kennt.

5. Standlinien durch Funkpeilung

Wer einen Funkpeiler an Bord hat, kann Funkstandlinien dadurch erhalten, daß er Funkfeuer peilt.

Funkfeuer sind Funksender, nach bestimmtem Plan an den Küsten verteilt, die Funkzeichen nur für die Schiffahrt senden. Sie senden dauernd, auch bei gutem Wetter. Sie arbeiten im Langwellenbereich um die Frequenz 300 Kilohertz (1000 Meter) herum und sind zu unterscheiden durch die Sendefrequenz und eine Kennung (langsam gegebene Morsebuchstaben), die aus dem schon erwähnten *Sprechfunk für Küstenschiffahrt* oder aus dem *Jachtfunkdienst* entnommen werden können. In der Seekarte sind sie bezeichnet mit ⊕ RC.
Vielfach sind die Funkfeuer in Gruppen zusammengefaßt, die alle auf derselben Frequenz, aber nach einem bestimmten Zeitplan nacheinander senden. Dieser Zeitplan ist ebenfalls in den genannten Büchern angegeben. Dadurch wird es wesentlich erleichtert, Kreuzpeilungen zu nehmen, das heißt kurz nacheinander zwei oder mehr Funkfeuer zu peilen. Denn man braucht nun nicht erst auf den zweiten Sender neu abzustimmen, wenn die erste Funkpeilung durchgeführt ist. Freilich muß man Übung haben, denn schon nach einer Minute beginnt der nächste Sender der betreffenden Gruppe zu senden.
Außer den Schiffahrtsfunkfeuern können auch die sehr starken Flugfunkfeuer gepeilt werden.

Der *Funkpeiler* ist ein Gerät zum Empfang von Funkwellen, das im Gegensatz zu einem gewöhnlichen Rundfunkgerät, das mit einer Hochantenne arbeitet und aus allen Richtungen mit gleicher Lautstärke empfängt, mit einer *Richtantenne* ausgerüstet ist, die richtungsempfindlich ist. Eine Richtantenne empfängt denselben Sender verschieden laut, je nachdem, in welcher Stellung sie zum Sender steht.

Diese Richtantenne hat die Form eines Rahmens (Abb. 94), der drehbar etwa auf dem Kajütdach angebracht ist. Neuerdings verwendet man auch Ferritstäbe, die klein und handlich sind (Richtungssonde siehe Abb. 92). An einer Marke liest man ab, aus welcher Richtung die Funkwelle, die von dem Funkpeiler kommt, das Schiff trifft, und zwar als Seitenpeilung (siehe Seite 117).
Um diese Seitenpeilung auswerten zu können, muß gleichzeitig der Kompaß abgelesen werden, und zwar *im Augenblick der Funkpeilung.* Es darf nicht der Kurs genommen werden, den das Schiff offiziell steuern soll, weil er im Augenblick der Funkpeilung unter Umständen gar nicht anliegt. Aus Funkseitenpeilung und rechtweisendem Kurs erhalten wir die rechtweisende Peilung des Funkfeuers (Abb. 91).

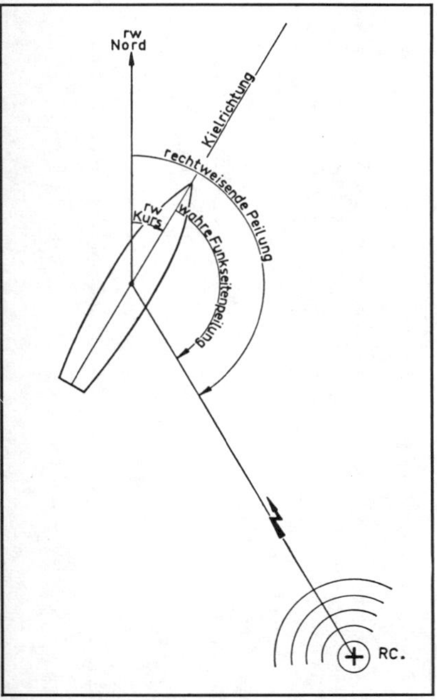

Abb. 91 Wahre Funkseitenpeilung
+ rechtweisender Kurs
= rechtweisende Peilung

Diese rechtweisende Peilung können wir wie jede andere Peilung verwerten. Am besten macht man kurz hintereinander zwei Peilungen, also eine Kreuzpeilung.

Die elektrischen Wellen werden beim Auftreffen auf das Schiff mit seinen vielen, wie Antennen wirkenden Metallteilen (Mast, Stagen, Wanten usw.) aus ihrer Richtung abgelenkt, so daß die abgelesene Funkseitenpeilung noch *beschickt* werden muß.

Diese *Funkbeschickung* (f), die je nach der Einfallsrichtung der Funkwelle am Schiff verschieden ist, muß vor der Reise von 10 zu 10° Seitenpeilung bestimmt und in einer *Funkbeschickungstafel* (ähnlich der Steuertafel) niedergelegt werden. Die Funkbeschickung trägt ein Vorzeichen, das angibt, wie sie an der *abgelesenen* Funkseitenpeilung (q) anzubringen ist, um die *wahre* Funkseitenpeilung (p) zu bekommen. In diesem Buch befindet sich auf der herausklappbaren Seite eine Funkbeschickungstafel.

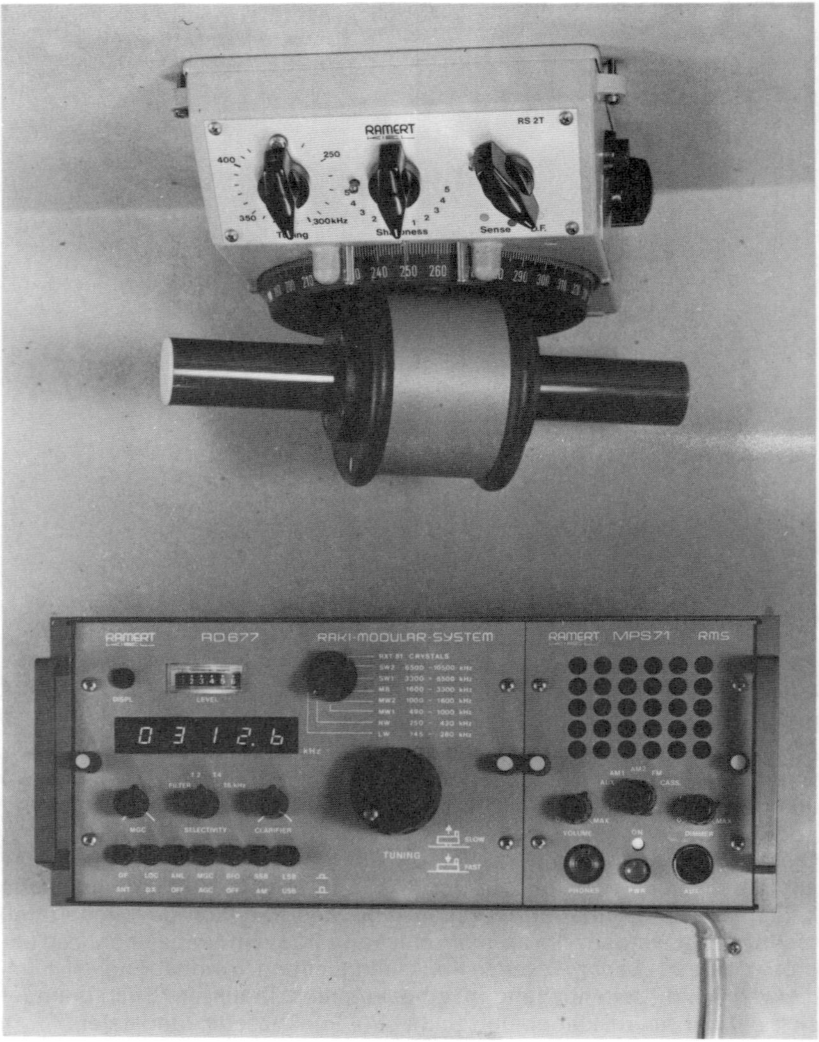

Abb. 92 Richtungssonde mit Ferritstab, darunter der Peilempfänger (Ramert)

Abb. 93 Der Automatik-Goniovorsatz Debeg 7480 (mit Kreuzrahmen mit angebauter Hilfsantenne) kann mit dem Empfänger (unten im Bild) zu einer automatischen Peilfunkanlage kombiniert werden. Nach Einstellen der Frequenz des zu peilenden Funkfeuers an Empfänger und Goniovorsatz wird sofort automatisch die seitenrichtige Peilung angezeigt

Peilt ein Schiff zum Beispiel ein Funkfeuer in der abgelesenen Funkseitenpeilung 121°, während am Kompaß 31° anliegen, so ist diese Beobachtung in folgender Weise auszuwerten:

Es gilt die Steuertafel 1. Die Mißweisung ist −4°. Die Funkbeschickungstafel liefert für die Seitenpeilung 121° die Funkbeschickung −7°. Aus dem Kompaßkurs 31° wird in bekannter Weise durch Anbringen der Fehlwei-

Abb. 94 Umlegbarer Peilrahmen an Deck einer Yacht. Diese Anordnung ist günstiger als die Anbringung direkt über dem Empfänger innerhalb des Kartenhauses

sung + 1° (erhalten aus der Ablenkung + 5° und Mißweisung –4°) der rechtweisende Kurs 32°.
Welches ist die rechtweisende Peilung des Funkfeuers?

abgelesene Funkseitenpeilung	q	=	121°
Funkbeschickung für 121°	f	=	– 7°
wahre Funkseitenpeilung	p	=	114°
rechtweisender Kurs	rwK	=	32°
rechtweisende Peilung	rw	=	146°

Kommen wir bei der Addition über 360° hinaus, sind 360 abzuziehen.
Von einer Funkpeilanlage ist zu fordern, daß man *trennscharf* Funkfeuer, Consolfunkfeuer und Flugfunkfeuer empfangen kann. Es muß ein Überlagerer vorhanden sein (Bedienungsknopf A 1), um auch tonlose Sender (beispielsweise Consolfunkfeuer) empfangen zu können.
Um eine Funkpeilung zu erhalten, entnehmen wir zunächst dem *Sprechfunk für Küstenschiffahrt* oder dem *Jachtfunkdienst* Frequenz, Kennung und Sendezeit des zu peilenden Funkfeuers. Dann stimmen wir den Empfänger auf diese Frequenz ab, wie das bei jedem Rundfunkgerät auch zu geschehen hat und versuchen den Sender an seiner Kennung auszumachen und möglichst klar zu empfangen. Dabei hilft uns eventuell das *Tonsieb,* den Sender aus der Vielzahl benachbarter, sehr starker Sender herauszusieben. Die *Lautstärke* wird nach Bedarf eingeregelt.

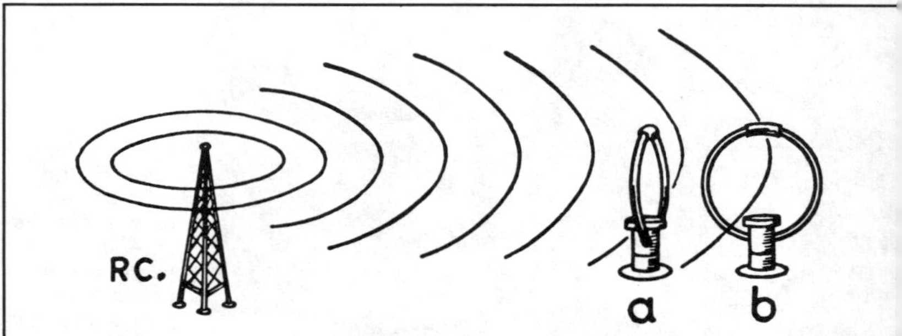

Abb. 95 Peilrahmen im (magnetischen) Feld eines Funkfeuers, a) in Minimumstellung, b) in Maximumstellung

Drehen wir die Richtantenne jetzt um 360°, so hören wir die Peilzeichen des Senders in zwei einander entgegengesetzten Richtungen besonders laut (Maximumstellung), dazwischen aber, in den dazu senkrechten Richtungen, ganz leise (Minimumstellung). Siehe dazu Abb. 95. Das Minimum der Empfangslautstärke ist viel genauer in seiner Richtung festzulegen als das Maximum, und zwar auf 1 bis 2° genau. Wir versuchen daher stets das Minimum zu finden. Damit haben wir dann den Sender *gepeilt*, also die Richtung festgestellt, in der er sich zum Schiff befindet. Am Peilrahmen ist eine Ablesemarke angebracht, die über einer Gradteilung spielt, die nach der Recht-voraus-Richtung des Schiffes ausgerichtet und von 0 bis 360° geteilt ist. Ist das Minimum nicht *scharf,* das heißt hören wir den Sender zwar leise, aber über einen größeren Bereich, etwa über 5° in gleichmäßiger Stärke, so drehen wir an dem Bedienungsknopf *Enttrübung,* auch *Schärfe* genannt, bis wir ein schärferes Minimum bekommen. Haben wir diese Stellung gefunden, drehen wir wieder am Peilrahmen, bis wir eine weitere Verschärfung beobachten, und so fort. So erhält man in den allermeisten Fällen ein Minimum, das man auf ein Grad genau ablesen kann.

Am besten empfängt man mit Kopfhörer. Funkfeuer sind meistens schwache Sender, und Richtantennen empfangen an sich schon nicht so laut wie Hochantennen. Wir wollen aber feinste Lautstärken-Unterschiede beobachten.

Allerdings gibt es *zwei* solcher Minimumstellungen, die etwa 180° auseinanderliegen, das heißt, die Peilung ist *zweideutig.* Das ist aber in der Praxis nicht tragisch, denn daß man zum Beispiel auf der Reise von Hamburg nach Oslo auf Nordkurs Kampen nicht in der Seitenpeilung 270°, sondern in 90° bekommt, ist eindeutig. Nur in Ausnahmefällen, wie bei Feuerschiffen oder in Seenotfällen, können Zweifel auftreten. Dafür ist eine besondere Seitenbestimmung vorgesehen. Näheres darüber enthalten die Bedienungsanweisungen.

Will man ein Funkfeuer ansteuern, so macht man eine *Zielfahrt,* indem man das Schiff so steuert, daß man das Minimum immer recht voraus, das heißt in der wahren Seitenpeilung 0° hat.

In der Dämmerung und nachts sind Funkpeilungen mit Vorsicht anzuwenden, wenn nicht gar unmöglich. Da die meisten Sender auch bei gutem Wetter senden, sollte man sich im Funkpeilen zu jeder Tag- und Nachtzeit üben und Erfahrungen sammeln, ehe man sich im Ernstfall auf diese Standlinien verläßt.

6. Berücksichtigung von Strom

In der Deutschen Bucht beispielsweise müssen wir damit rechnen, daß die das Schiff umgebenden Wassermassen selbst in Bewegung sind, daß also *Strom setzt,* wie etwa ein Gezeitenstrom (siehe Seite 182).

Da der unter der Küste setzende Strom meist annähernd bekannt ist – die Angaben darüber sind dem Gezeitenatlas oder den Seehandbüchern zu entnehmen –, kann er bei der Schiffsführung berücksichtigt werden. Der Strom wird in *Richtung* und *Stärke* festgelegt.

Im Gegensatz zum Wind gibt man bei Strom die *Richtung* an, *in die er setzt.* Die Stärke wird in Seemeilen pro Stunde, also in Knoten angegeben.

Der Weg, den ein Schiff nach Kompaß und Logge zurücklegt, wird *Weg durch das Wasser* genannt. Entsprechend sprechen wir von einem *Kurs* durch das Wasser und der *Fahrt* des Schiffes durch das Wasser.

Setzt Strom, wird das Schiff versetzt – es macht einen vom Weg durch das Wasser abweichenden *Weg über Grund.* Die Fahrt ist dabei die *Fahrt über Grund,* die Richtung, in der es sich über den Grund bewegt, der *Kurs über Grund.*

Der Winkel zwischen Weg durch das Wasser und Weg über Grund ist gleich der *Versetzung* durch den Strom.

Zwei ganz verschiedene Aufgaben sind zu lösen: Entweder steuern wir einen bestimmten Kurs durch das Wasser und möchten wissen, wohin wir unter Mitwirkung des Stroms gekommen sind (1. Stromaufgabe), oder wir wollen ein bestimmtes Ziel erreichen und müssen ermitteln, welchen Kurs wir zu steuern haben, um trotz des Stroms das Ziel zu erreichen (2. Stromaufgabe).

Am einfachsten ist es, wenn das Schiff in Richtung des Stroms fährt, wie etwa auf einem Fluß. Dann bringt der Strom es nicht vom Kurs ab; die beiden Geschwindigkeiten addieren sich.

Läuft eine Motoryacht mit 6 kn Fahrt flußabwärts und setzt auf dem Fluß ein Strom von 2 kn, auch flußabwärts, so kommt sie in der Stunde 8 sm weiter. Beobachtet man das Wasser in der Umgebung des Schiffes, so registriert man nur seine eigene *Fahrt durch das Wasser* von 6 kn. Auch das Log zeigt nur 6 kn an. Verfolgt man jedoch die Ufermarken, so stellt man fest, daß man schneller ist, also *über Grund* 8 kn läuft.

Im freien Seeraum wird es etwas schwieriger, weil der Strom meist nicht in der Kursrichtung des Schiffes wirkt: Wir erhalten ein Stromdreieck, wie es Abb. 96 zeigt.

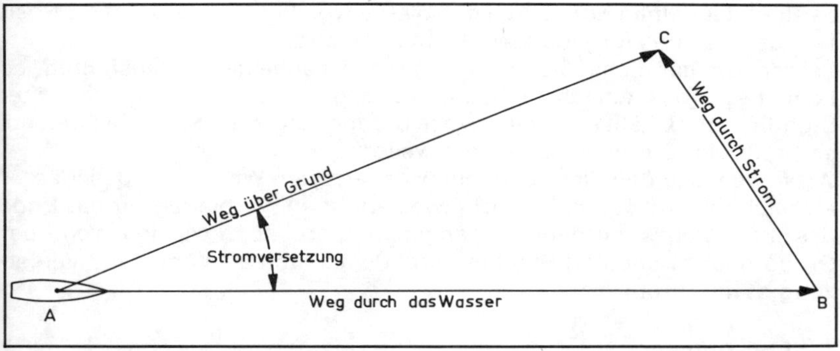

Abb. 96 Stromdreieck

Nehmen wir an, ein Schiff steuert den Kurs durch das Wasser rw 90°, und die Maschine liefert eine Fahrt durch das Wasser von 10 kn. Setzt kein Strom, so legt es in einer Stunde in der Richtung 90° 10 sm zurück, und es kommt von A nach B in Abb. 97. Läßt es sich aber ohne Fahrt treiben, so kommt es nach einer Stunde nach D, wenn ein Strom von 3 kn in Richtung 30° setzt.

Was passiert, wenn das Schiff beide Bewegungen *gleichzeitig* ausführen muß, wenn es also bei diesem Strom weiterfährt? Sein Weg wird die Diagonale des Parallelogramms aus A B und A D sein, der *Weg über Grund* A C. Die Kielrichtung des Schiffes bleibt dabei immer parallel zu A B, denn

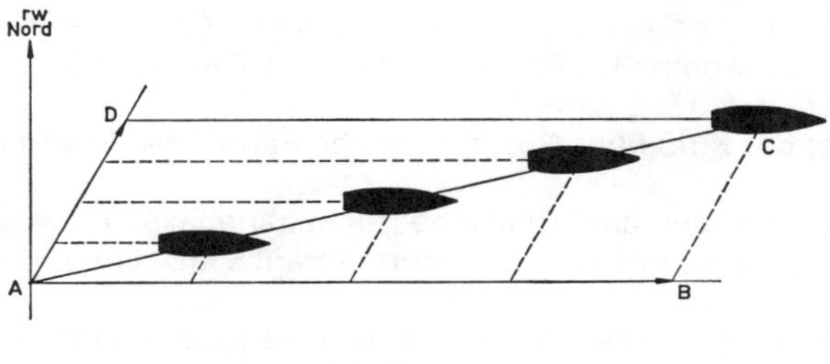

Abb. 97 Lösung der 1. Stromaufgabe

es steuert ja seinen Kurs durch das Wasser von 90°. In Abb. 97 ist die Position des Schiffes für jede Viertelstunde eingezeichnet.
Lassen wir das Schiff beide Bewegungen nacheinander ausführen, so kommt es, wenn zunächst eine Stunde lang kein Strom setzt, nach einer Stunde nach B. Läßt es sich nun eine Stunde lang ohne Maschine treiben, so bringt der Strom es nach einer weiteren Stunde nach C.
Wir finden also den Zielort, indem wir zuerst den Weg durch das Wasser aufzeichnen und daran den Stromweg antragen. Verbinden wir das Ende des Stromweges mit dem Ausgangspunkt, so haben wir den *Weg über Grund* nach Größe und Richtung und damit auch als Winkel die Versetzung durch Strom.

1. Stromaufgabe

Gegeben sind Kurs und Fahrt eines Schiffes durch das Wasser und der in diesem Gebiet setzende Strom nach Richtung und Stärke.
Gesucht wird der Weg des Schiffes über Grund, und zwar der *Kurs* über Grund und die *Fahrt* über Grund.
Um das zu ermitteln, zeichnen wir ein *Stunden-Stromdreieck:* Wir tragen im Ausgangsort den Kurs durch das Wasser an, tragen darauf die Fahrt durch das Wasser, den Weg durch das Wasser für eine Stunde ab und erhalten B. In B tragen wir den Strom für eine Stunde an und erhalten den Punkt C. Verbinden wir A mit C, so erhalten wir den Weg des Schiffes über Grund während dieser Stunde. Wir entnehmen der Zeichnung den Kurs und die Fahrt über Grund.

● Übungsaufgaben
Übungskarte D.50^{D} Deutsche Bucht, Steuertafel 1:
1. Ein Schiff steht bei der Leuchttonne Außeneider auf etwa 54°14′N 8°17′O und steuert am Kompaß 187°. Die Fahrt beträgt 8 kn. In rw 279° setzt Strom mit 2,5 kn.
Welches ist der Kurs über Grund? Welche Fahrt über Grund machte das Schiff?
2. Man hat das Feuerschiff Deutsche Bucht nahebei an Backbord passiert und steuert am Kompaß 108°; die Fahrt beträgt 5 kn. In rw 256° setzt Strom mit 1 kn.
Welches ist der Kurs über Grund? Welche Fahrt über Grund machte das Schiff?
Stromdreieck für drei Stunden zeichnen.

2. Stromaufgabe

Aber auch mit der Aufgabe, den Kurs durch das Wasser zu finden, den man einschlagen muß, um einen vorgeschriebenen Weg über Grund bei einem bestimmten Strom einhalten zu können, werden wir fertig, wenn wir uns beide Bewegungen wieder getrennt ausgeführt denken.
Nehmen wir an, daß ein Schiff von A aus das Feuerschiff X erreichen will (Abb. 98). Es setzt ein Strom von 3,5 kn in Richtung 25°. Das Schiff macht 8 kn Fahrt durch das Wasser.
Lassen wir es zunächst treiben, so erreicht es nach einer Stunde den Punkt D. Jetzt setzt kein Strom mehr, und das Schiff läuft eine Stunde lang unter Maschine. Es muß nun mit seiner Fahrt durch das Wasser mit 8 kn den geplanten Weg über Grund A X wieder erreichen. Das ist in Punkt C der Fall. Man findet diesen Punkt C, indem man mit der Fahrt durch das Wasser als Halbmesser einen Kreis um D zeichnet, denn dieser Kreis zeigt alle Punkte, die das Schiff mit seiner Fahrt in einer Stunde erreichen kann. Da es auf seine wahre Kurslinie kommen will, ist C der gesuchte Punkt. A C ist die erreichte Fahrt über Grund.
Zeichnet man zu D C die Parallele durch A, gibt dies den *Kurs durch das Wasser* an, den das Schiff einhalten muß, wenn es über Grund auf A X fahren will.

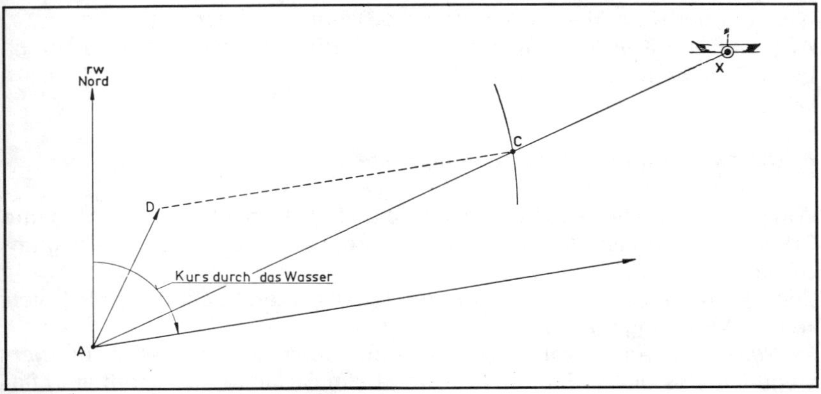

Abb. 98 Lösung der 2. Stromaufgabe

Diese Stromdreiecke sind für eine Stunde gezeichnet. Wenn die Zeichnung in der Seekarte jedoch zu klein und damit zu ungenau wird, kann man sie auch für zwei oder mehr Stunden konstruieren. Man muß dann natürlich die erhaltenen Distanzen durch die Anzahl der Stunden teilen, um die *Fahrt* zu bekommen.

● Übungsaufgaben

Übungskarte D.50^D Deutsche Bucht:

1. Ein Schiff, das nach Logge 5 kn Fahrt durch das Wasser macht, will vom Feuerschiff Deutsche Bucht zum Feuerschiff Elbe 1 versegeln, während der Strom im Mittel in rw 270° mit 2 kn setzt.
Welches ist der rw-Kurs durch das Wasser? Wie groß ist die Distanz über Grund? Wie groß ist die Fahrt über Grund? Wie lange dauert die Segelung?
2. Ein Schiff, das auf 54°55′N 7°49′O steht und 5 kn Fahrt durch das Wasser macht, will das Hörnumtief ansteuern. Es setzt Kurs auf Hörnum Leuchtturm ab. In rw 15° setzt ein mittlerer Strom von 1,5 kn. Es gilt Steuertafel 1.
Welcher Kompaßkurs ist zu steuern? Wie lange dauert die Segelung, bis die Tonne Theeknobsrinne querab ist?
3. Eine Yacht, die den Leuchtturm von Helgoland um 9.30 Uhr in rw 345° 2 sm entfernt peilt, will zum Feuerschiff Elbe 1 versegeln. Es setzt im Mittel in rw 230° Strom mit 1,3 kn. Das Schiff läuft nach Logge 6 kn. Es gilt Steuertafel 1.
Wie sind der Kurs über Grund und die Distanz über Grund?
Was muß am Kompaß anliegen? Wann trifft das Schiff voraussichtlich beim Feuerschiff Elbe 1 ein?

7. Überwachung der Navigationsgeräte

Von entscheidender Wichtigkeit für die Sicherheit der Schiffsführung und Ortsbestimmung ist, daß die Geräte in Ordnung sind und zuverlässig anzeigen.

Beim *Lot* ist nicht viel zu befürchten, aber es kann schon ziemlich verkehrte Werte angeben, wenn es defekt ist.

Am *Patentlog* kann leicht etwas passieren. Die Propellerflügel können verbiegen, sei es durch Grundberührung beim Stoppen des Schiffes in flachem Wasser, sei es dadurch, daß sie beim Einholen an Deck schlagen.

Oder es wickeln sich Taureste herum, so daß die Flügel nicht mehr reibungslos drehen. Das führt dann zu einer falschen Anzeige.
Wie aber stellt man fest, ob etwas verbogen ist, ob das Log falsch anzeigt? Man durchläuft eine genau festgelegte Strecke und vergleicht dabei die Anzeige des Logs mit der wahren Distanz. Zeigt es auf einer 10 sm langen Strecke nur 8 sm an, dann ist das Verhältnis der richtigen Entfernung zur geloggten Entfernung 10 : 8 = 1,25.
In diesem Verhältnis sind auch alle anderen Angaben des Logs zu klein. Man erhält aus den zu kleinen Anzeigen die richtige, wenn man mit 1,25 multipliziert. Legt man also nach Log 40 sm zurück, so sind es tatsächlich 40 x 1,25 = 50 sm.

Kontrolle des Kompasses

Der *Kompaß* wird durch die Eisenmassen des Schiffes abgelenkt. Diese Ablenkung hat auf jedem Kurs einen bestimmten Wert, der aus der Steuertafel entnommen wird. Auf die Richtigkeit dieser Steuertafel gründet sich die ganze Schiffsortbestimmung. Man kann etwaige Änderungen selbst ermitteln, indem man den am Kompaß abgelesenen Kurs mit dem richtigen, das heißt dem rechtweisenden Kurs vergleicht. Die verschiedenen Wege unterscheiden sich nur nach der Art, wie die richtige Richtung gefunden wird:

● Verfahren der Deckpeilung
Hat man zwei Objekte, etwa zwei Feuer, die man in Deckung sehen kann, dann kann man die rechtweisende Richtung dieser Deckungslinie aus der Seekarte entnehmen. Der Unterschied zwischen dieser Richtung und der am Kompaß abgelesenen Richtung ist die Fehlweisung und ergibt damit die Ablenkung, und zwar für den Kurs, der bei dieser Deckpeilung anlag. Wir peilen zum Beispiel auf der Elbe die Kirchtürme von Grünendeich und Steinkirchen in Deckung am Kompaß in 178°, während am Kompaß 305° anliegen. Aus der Karte entnehmen wir, daß die Türme sich in rw 176° befinden. Die Mißweisung an dieser Stelle nehmen wir mit −4° an. Die mißweisende Peilung beträgt dann 176 + 4 = 180°. (Vom Wahren zum Falschen – also Mißweisung mit entgegengesetztem Vorzeichen an der rechtweisenden Peilung anbringen.)
Da die Kompaßpeilung 178° war, hat der Kompaß eine Ablenkung von 2°. Und zwar ist diese Ablenkung +, weil man von der Kompaßpeilung 178° im

Uhrzeigersinn zu 180° herumgehen muß. Auf dem Kompaßkurs 305° hat der Kompaß dieses Schiffes also die Ablenkung +2°.
Oft steuert man die Objekte, wie ein Richtfeuer, direkt an. Dann ist die Peilung gleich dem anliegenden Kurs.
Aber das ist nicht nötig, wir können das auch auf jedem anderen Kurs machen. Wir müssen nur in dem Augenblick, wo wir peilen, die beiden Marken genau in Deckung haben. Der Abstand spielt zwar keine Rolle, wir dürfen jedoch nicht so weit abstehen, daß wir das In-Deckung-Sein nicht mehr genau ausmachen können.

● Peilen eines entfernten Punktes
Ist die Möglichkeit der Deckpeilung nicht gegeben, kann man auch einen entfernten Punkt peilen. Man muß dann aber seinen Schiffsort kennen, damit man aus der Seekarte (möglichst einer genauen Spezialkarte) die rechtweisende Richtung entnehmen kann, in der der Gegenstand liegt. Auch hier entspricht dem Unterschied zwischen rechtweisender und Kompaßpeilung die Fehlweisung des Kompasses für den bei der Peilung anliegenden Kompaßkurs des Schiffes.

Der Fehler ist +, wenn man von der Kompaßpeilung im Uhrzeigersinn zur mißweisenden oder rechtweisenden Peilung herumgehen muß.

Beispiel: Ein entfernter Turm, dessen rechtweisende Peilung 189° ist, wird am Kompaß in 194° gepeilt. Die Mißweisung ist + 1°, die mißweisende Peilung also 188°. Der Unterschied zwischen 188° und 194° beträgt 6°. Von der Kompaßpeilung 194° geht man zur mißweisenden Peilung entgegen dem Uhrzeiger herum, also erhält die Ablenkung das Vorzeichen –. Für den anliegenden Kurs ist die Ablenkung –6°.

In manchen Häfen sind *Deviationspfähle* gerammt, an denen das Schiff festgemacht und die Ablenkung für die verschiedenen Kurse ermittelt wird. Das macht der Kompaß-Kompensierer, der vorher durch Anbringen von Magneten und Eisenmassen in der Nähe des Kompasses die Ablenkung möglichst weit herabgedrückt, die Fehler *kompensiert* hat. Dann läßt er das Schiff einmal ganz herumschwojen und bestimmt durch Peilung der entsprechenden Landmarke von 10 zu 10° die Ablenkung. Diese Werte trägt er in die Steuertafel ein.

Kompensierer sind beauftragte Prüfer des Deutschen Hydrographischen Instituts.

● Was zu beachten ist

★ An der Lage der Kompensationsmittel darf keine Änderung vorgenommen werden; Farbe und Öl schaden ihnen nicht.

★ Eisen, in die Nähe des Kompasses gebracht, macht die ganze Kompensation zunichte; es entstehen veränderte Ablenkungen, wodurch die Sicherheit gefährdet wird. Auch Werkzeugkästen gehören nicht in die Nähe des Kompasses.

★ Hochstehende Motorklappen verändern die Ablenkung.

★ Nach Umbauten an Bord muß neu kompensiert werden.

★ Sind durch Blitzschlag in einen Mast starke elektrische Felder wirksam gewesen, ändern sich die Magnetpole im Schiff. Die Ablenkung muß nachgeprüft werden.

★ Auch Kollisionen und Grundberührungen können die Pole des Schiffes verändern. Danach ist sofort zu kontrollieren, ob die Ablenkungen noch stimmen.

★ Wenn das Schiff lange aufgelegen hat oder längere Zeit auf demselben Kurs lag, können sich die magnetischen Verhältnisse an Bord ebenfalls verändert haben. Besonders nach dem Winterlager empfiehlt es sich, die Ablenkung neu zu bestimmen.

Aufstellung und Prüfung des Kompasses

Der Kompaß hängt im Kompaßhaus kardanisch in einem Ring, der mit dem Kompaßhaus verschraubt ist. Das muß so geschehen, daß die Verbindungslinie der Steuerstriche des Kompasses genau längsschiffs zeigt (Abb. 99). Wir können das prüfen, indem wir einen Punkt dieser Längsschiffsrichtung, etwa die Mastmitte, anpeilen. Stimmt das nicht, haben alle Ablesungen ein und denselben Fehler.

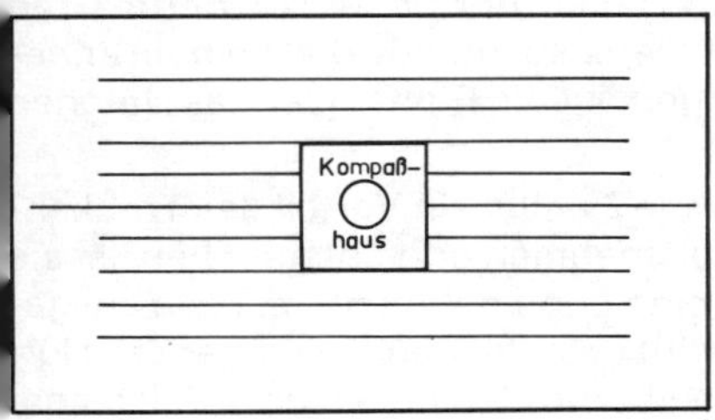

Abb. 99 Aufstellung des Kompasses an Deck

Das Kompaßhaus selbst muß so auf der Mittschiffsnaht des Decks stehen, daß die Seitenkanten parallel zu den Decksnähten verlaufen, Vorder- und Achterkante aber genau querschiffs.
Für einen beweglichen Kompaß muß eine Halterung fest eingebaut sein, in die er bei Gebrauch eingesetzt wird. Auch in diesem Fall ist zu beachten, daß keine Eisenteile in der Nähe gestaut sind.
Nach den Unfallverhütungsvorschriften der See-Berufsgenossenschaft muß der Kompaß von einer anerkannten Stelle geprüft werden, bevor er in Gebrauch genommen wird, zum Beispiel vom Deutschen Hydrographischen Institut. Über die Prüfung wird ein *Attest* ausgestellt, das sich an Bord befinden muß.
Ist der Kompaß gereinigt oder instand gesetzt worden, muß ein neues Attest ausgestellt werden.
Angenommen, das Attest ist schon ein Jahr alt. Was kann man unternehmen, um den Kompaß auf seine ordnungsmäßige Funktion hin zu überprüfen? (Daß er einwandfrei gebaut ist, einen eisenfreien Kessel hat und so weiter, geht aus dem Attest hervor; daran hat sich nichts geändert.)
Die Bewegungen des Kessels in den Lagern müssen leicht sein, er darf jedoch nicht in den Lagern schlottern. Drückt man ihn auf der einen Seite herunter, muß er, wenn man losläßt, sofort in die waagereche Lage zurückgehen.
Die Pinne kann, besonders auf Motorschiffen, stumpf geworden sein. Damit ist das Einstellungsvermögen der Rose gefährdet. Sie soll sich, wenn das Schiff eine andere Richtung einnimmt, schnell darauf einschwingen. Ist jedoch große Reibung vorhanden, besteht die Gefahr, daß sie mitgenommen wird und den neuen Kurs nicht anzeigt. Wie prüft man das?
Man lenkt den Kompaß mit einem kleinen Magneten ab. Entfernt man ihn dann wieder, schwingt die intakte Kompaßrose nach einigen Schwingungen in die alte Lage zurück. Der Kompaß muß wieder auf ein Viertel Grad genau den alten Kurs anzeigen. Bleibt die Rose irgendwo auf einem anderen Kurs stehen, anstatt auszuschwingen, ist die Pinne oder das Hütchen defekt.

Bei einem Trockenkompaß – das ist ohne Zweifel ein Vorteil des Trockenkompasses – kann man die Pinne herausnehmen und untersuchen. Ist sie stumpf oder abgebrochen (eventuell eine Lupe nehmen), muß sie ausgewechselt werden. Ist sie in Ordnung, wird das Halbedelsteinlager des Hütchens auf Risse und Unebenheiten hin überprüft, indem man es mit einem

Abb. 100 a Im Plichtboden ist der Yachtkompaß T 50 eingebaut. Man beachte die Halterung für die Peilscheibe auf dem Kajütdach und die Anbringung des Patentlogs Steuerbord achtern

Abb. 100 b Einbauskizze für den Yachtkompaß T 50. Unten links: Schnittzeichnung des Kompasses. Die Rose wird von unten beleuchtet

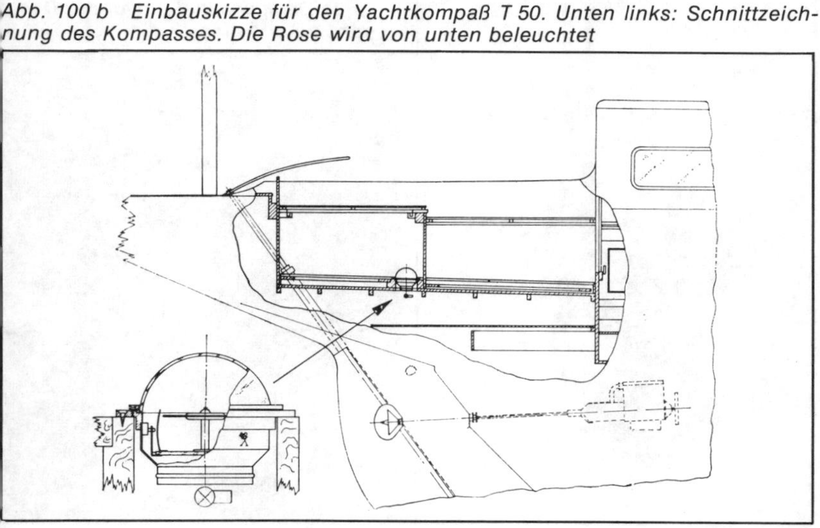

Abb. 101a An der Peilscheibe. Zweckmäßig wird auf kleineren Seekreuzern die Peilscheibe in Halterungen auf dem Kajütdach neben dem Kajütluk angebracht

Abb. 101b Peilscheibe für Yachten (Plath). Der Peilaufsatz und das Pendel können festgesetzt werden

Abb. 102 Anbringung eines Schwimmkompasses in einem Bügel an Unterkante Deck unmittelbar vor der Ducht des Steuermannes

angespitzten Holzstäbchen austastet. Schadhafte Hütchen müssen ausgewechselt werden.
Stellt die Rose sich bei tadelloser Pinne und fehlerfreiem Hütchen immer noch nicht gut ein, muß das Versagen an den Magneten der Rose liegen. Die Rose muß dann ausgewechselt und durch eine neue ersetzt werden. Das ist bei Flüssigkeitskompassen nicht möglich; dann muß der ganze Kompaß zur Überholung gegeben und ein Reservekompaß eingesetzt werden.
Bei Flüssigkeitskompassen ist darauf zu achten, daß keine Luftblasen vorhanden sind. Sind Luftblasen entstanden, so müssen sie vom Fachmann entfernt werden.

8. Wichtige Grundsätze der Navigation

★ Keine Reise, keine Ansteuerung, ohne vorher genau
Handbuch,
Seekarte,
Leuchtfeuerverzeichnis,
Nachrichten für Seefahrer,
eventuell Gezeitentafel und -atlas durchgesehen zu haben.
★ Neue Seekarten benutzen. Je älter vermessen, desto unzuverlässiger.
★ Je größer der Maßstab, desto besser.
★ Kurs frei von Untiefen, Klippen, Felsen, Wracks absetzen, besonders bei Gefahr von Strom.
★ Warnungen in der Seekarte beachten.
★ Guten Mindestabstand von der Küste halten. Mindestabstand 3 sm, je nach Sichtverhältnissen, Strom, Tiefgang des Schiffes.
★ Nicht Ecken schrammen, also nicht zu dicht Küstenvorsprünge nehmen, um Weg zu sparen.
★ 10-m-Linie als Warnlinie beachten.
★ Feuerschiffe an Backbord passieren, nicht auf den Kopf nehmen und im letzten Augenblick abdrehen.
★ Kurse in die Karte eintragen.
★ Vor jedem Kursabsetzen für genaue Ausgangspositionen sorgen.
★ Möglichst oft den Schiffsort bestimmen.
★ Wenn möglich, nach mehreren Methoden den Schiffsort bestimmen. Gegenseitige Kontrolle.

★ Nicht die bequemste, sondern die zuverlässigste Methode zur Ortsbestimmung benutzen.
★ Ortsbestimmungen *mit* Versegelung sind unzuverlässiger als ohne Versegelung. Kreuzpeilung wenn möglich der Doppelpeilung und Vierstrichpeilung vorziehen.
★ Schwimmende Seezeichen nicht zur Ortsbestimmung benutzen. Sie können vertrieben sein, das Feuer kann erloschen oder unzuverlässig in der Kennung sein.
★ Vorsichtig bei unbewachten Feuern! Schnee oder Eis können im Winter die Lichtquelle verdecken oder den Lichtstrahl ablenken.
★ Nicht über den Daumen peilen, Peilaufsatz benutzen.
★ Beim Peilen naher Marken sind die Fehlerquellen geringer.
★ Oft den Kompaß kontrollieren, besonders aber, wenn das Schiff lange auflag, wenn eiserne Deckslast gefahren wird, bei Schlagseite, nach Grundberührung, nach Blitzschlag.
★ Änderung der Ortsmißweisung berücksichtigen.
★ Viel loten, besonders bei Annäherung an die Küste.
★ Bei Fahrt von Küste zu Küste rechtzeitig loten. Eventuell Feuer in Sicht laufen, um Position zu bekommen.

V. Berücksichtigung von Wind und Wetter

Wind und Wetter in den uns umgebenden Luftmassen sind vor allem von der Temperatur der Luft und vom Luftdruck abhängig. Beides zu beobachten, ist also unsere vordringlichste Aufgabe.

Das Thermometer

Das Thermometer gibt den Wärmezustand, die *Temperatur* der Luft, an. Wie wir wissen, besteht es aus einem engen, geschlossenen Glasrohr, das sich unten kugelförmig erweitert. In dieser Kugel befindet sich Quecksilber, darüber ist ein luftleerer Raum. Das Quecksilber dehnt sich bei der Erwärmung aus, und wir lesen an einem Maßstab, der geeicht ist, die Temperatur ab. Statt Quecksilber kann die Kugel auch andere Flüssigkeiten enthalten, zum Beispiel Alkohol. Die Temperatur des gefrierenden und des siedenden Wassers wird mit den Zahlen 0 bis 100 bezeichnet. Der Zwischenraum ist in 100 gleiche Teile unterteilt, die Grade. Das Wasser siedet also bei 100 °C und gefriert bei 0 °C. Diese Teilung heißt Celsius-Teilung, erkenntlich an dem C über der Teilung.
Beim Ablesen des Thermometers ist darauf achten, daß nicht die Kugel unten längere Zeit berührt wird; man würde dann die Temperatur der Hand messen. Das Thermometer darf auch nicht der Sonne ausgesetzt werden; es würde dann einen höheren Wert als die Temperatur der Luft anzeigen.

Das Barometer

Das Barometer mißt den Luftdruck. An Bord kleinerer Schiffe finden wir nur das sogenannte *Trockenbarometer* (Aneroid-Barometer), (Abb. 104). Es besteht aus einer nahezu luftleeren Metalldose, die von einer starken Feder auseinandergezogen wird, während die Luft sie zusammendrücken will. Wird der Luftdruck größer, wird sie zusammengedrückt, die Feder muß nachgeben; sinkt der Luftdruck, bekommt die Feder Oberhand, die Dose weitet sich. Die Bewegung der Dosenwand wird durch ein Hebelwerk auf einen Zeiger übertragen, der über einer Teilung spielt, auf der wir dann die Größe des Luftdrucks ablesen.

Sehen wir uns die Teilung genauer an. Sie läuft von 907 bis 1060 und ist so genau unterteilt, daß man auf halbe Einheiten genau ablesen kann. Diese Zahlen bedeuten Millibar, das gesetzliche Maß für Luftdruck.

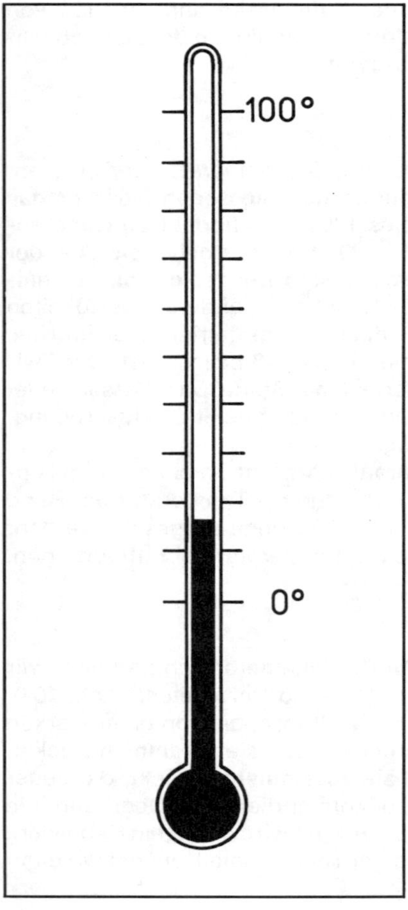

Abb. 103 Thermometer

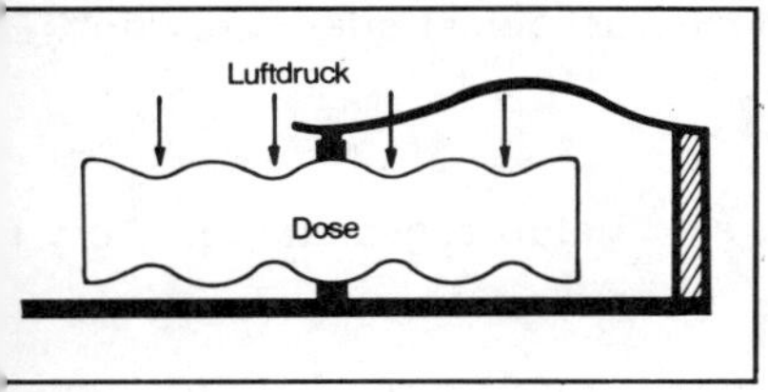

Abb. 104 Barometer

Normal ist ein Luftdruck von 1013 Millibar. Das entspricht einer Quecksilbersäule von 760 Millimeter Höhe, die diesem Normalluftdruck das Gleichgewicht hält. Ältere Barometer geben diese Höhe direkt in Millimetern an. Will man umrechnen, muß man zu dem Wert in Millimetern noch ein Drittel hinzufügen, um den Wert in Millibar zu erhalten.
Beispiel: Abgelesen sind 765 mm. Ein Drittel davon sind 255. 765 + 255 ergibt 1020. Der Luftdruck beträgt also 1020 Millibar, abgekürzt mbar.
Außer dem Ablesezeiger hat das Barometer noch den *Merkzeiger,* den man an dem in der Mitte aufsitzenden Knopf von außen drehen kann. Dieser Merkzeiger wird beim Ablesen auf den Ablesezeiger gebracht. Da er dort bleibt, läßt sich beim nächsten Ablesen sofort erkennen, ob der Luftdruck gestiegen oder gefallen ist. Ob eine weitere Neigung zum Steigen oder Fallen besteht, ermittelt man durch leichtes Klopfen an das Glas.
Von Zeit zu Zeit ist es erforderlich, prüfen zu lassen, ob das Barometer noch richtig anzeigt. Eine *größere* Abweichung kann man an der kleinen Stellschraube auf der Rückseite des Barometers regulieren, jedoch nicht zu oft, weil das Instrument sonst ausleiert.
Der tatsächliche Wert des Luftdrucks ist für unsere Zwecke so wichtig nicht; wir müssen vor allem wissen, ob er steigt oder fällt, denn das läßt auf Wetterverbesserung bzw. -verschlechterung schließen.

Der Wind

Herrscht an zwei benachbarten Orten verschieden starker Luftdruck, dann versucht die Natur diese Unstetigkeit auszugleichen. Es strömt Luft vom hohen zum tiefen Druck, so lange, bis der Luftdruck ausgeglichen ist: Es weht *Wind.* Für die Voraussage des Windes ist also die Kenntnis der Luftdruckverteilung in der Umgebung notwendig. In der Wetterkunde nennt man ein Gebiet hohen Luftdrucks Hochdruckgebiet oder kurz *Hoch*. E wird in den Wetterkarten mit

H

bezeichnet. Gebiete niedrigen Drucks sind Tiefdruckgebiete, kurz *Tiefs*, i den Wetterkarten bezeichnet mit

T

Je enger Hoch und Tief zusammenliegen, je größer der Luftdruckunterschied, desto stärker der Wind.
Als Richtung des Windes wird die Richtung angegeben, aus der er weht Die seemännische Bezeichnung für seine Stärke ist der Tabelle auf Seite 165 zu entnehmen. Sie zeigt auch, wie aus dem Wellenbild auf die Stärke des Windes geschlossen werden kann. Die Stärkegrade 1 bis 12 basieren auf der sogenannten Beaufort-Skala.

Sturmwarndienst

Für den Küstenfahrer ist es von größter Wichtigkeit, daß er überall an der Küste Nachrichtenstellen vorfindet, die darüber Auskunft geben, welche Windstärke draußen herrscht bzw. ob Stürme wehen, die der Schiffahrt gefährlich werden können oder das Auslaufen zu einem Risiko machen.
Da sind zunächst die *Windanzeiger*. Abb. 105 zeigt den Windanzeiger vor Cuxhaven, der zu bestimmten Zeiten auslaufenden Schiffen Richtung und Stärke des Windes im Raum Borkum und Helgoland anzeigt. An einem Mast sind zwei Scheiben angebracht mit den Buchstaben B und H (Borkum und Helgoland). Der drehbare Arm weist auf die zu meldende Windrichtung. Die Windstärke zeigen die waagerecht gestellten Flügel am Mast an. Jeder Flügel bedeutet zwei Windstärken.
An dem Windanzeiger in Abb. 105 ist folgendes abzulesen:
Wind bei Borkum ONO 6
Wind bei Helgoland NW 8
Bei Windstille hängen die Stärkeanzeiger nach unten, und die Richtungsanzeiger stehen auf Süd.
An der gesamten Küste gibt es außerdem *Sturmwarnstellen*, die nur bei Sturmgefahr an sichtbarer Stelle Zeichen setzen, die vor draußen drohenden Stürmen warnen. Diese Sturmwarnsignale zeigt die Tafel auf Seite 167

Wellenbild	Seemännische Bezeichnung	Stärke nach Beaufort
Spiegelglatte See	Stille	0
Kleine, schuppenförmig aussehende Kräuselwellen, Wellen ohne Schaumkämme	Leiser Zug	1
Ausgeprägte kurze Wellen. Kämme beginnen zu brechen Schaum nicht weiß, sondern glasig aussehend.	Leichte Brise Schwache Brise	2 3
Wellen werden länger, es bilden sich weiße Schaumköpfe	Mäßige Brise	4
Wellen nehmen ausgeprägtere, lange Form an, Schaumkämme	Frische Brise	5
Größere Wellenberge. Weiße Schaumkämme nehmen größere Flächen ein	Starker Wind	6
See türmt sich, weißer Schaum legt sich in Streifen zur Windrichtung	Steifer Wind	7
Höhe und Länge der Wellen nehmen zu, Schaum legt sich in dichten Streifen zur Windrichtung. Das „Rollen" der See beginnt	Stürmischer Wind Sturm	8 9
Hohe lange Berge mit langen, sich überstürzenden Kämmen. Meer im ganzen weiß. Rollen der See wird stark und stoßartig	Schwerer Sturm	10
Wellenberge so hoch, daß in Sicht befindliche Schiffe sich zeitweise aus der Sicht verlieren. Rollen wird zum Getöse. See mit streifigem Schaum bedeckt	Orkanartiger Sturm	11
Wind verweht Kante der Wellenkämme zu Gischt, Luft von dieser Gischt so erfüllt, daß keine Fernsicht mehr	Orkan	12

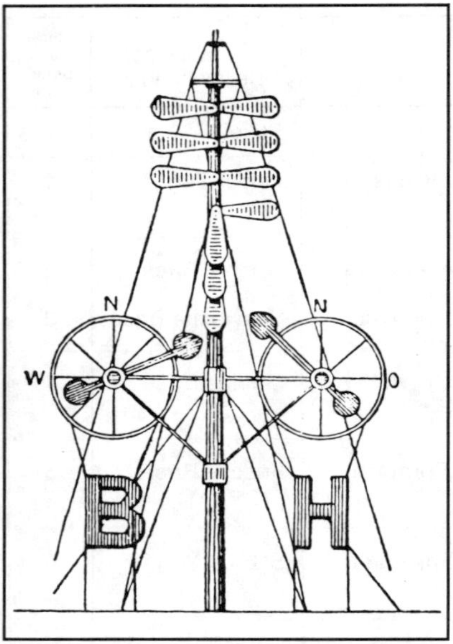

Abb. 105 Windanzeiger

Die Sturmwarnsignalstellen im Bereich der Bundesrepublik Deutschland und der Windanzeiger in Cuxhaven haben aber seit dem 1. Januar 1983 ihren Betrieb eingestellt. Ebenso sind die Aushangstellen für Sturmwarnungen aufgehoben. Seewetterberichte und Windvorhersagen werden nur noch über Küstenfunkstellen und Rundfunksender verbreitet.

Wetterberichte und Wetterkarten

Das weitverzweigte Netz von Wetterbeobachtungsstationen, das in internationaler Zusammenarbeit über die wichtigsten Gebiete der Erde gelegt ist, gibt die Möglichkeit, in einer Zentrale (in Deutschland im Seewetteramt Hamburg) ein Momentbild der Wetterlage zu zeichnen und daraus *Vorhersagen* abzuleiten, die durch den Rundfunk oder die Küstenfunkstellen verbreitet werden.

Diese *Wetterberichte* sind insbesondere für die Küstenfahrt von großem Wert und müssen regelmäßig abgehört werden.

Der vom Norddeutschen Rundfunk ausgestrahlte Seewetterbericht gibt zuerst eine kurze Schilderung der Wetterlage, dann eine allgemeine Vor-

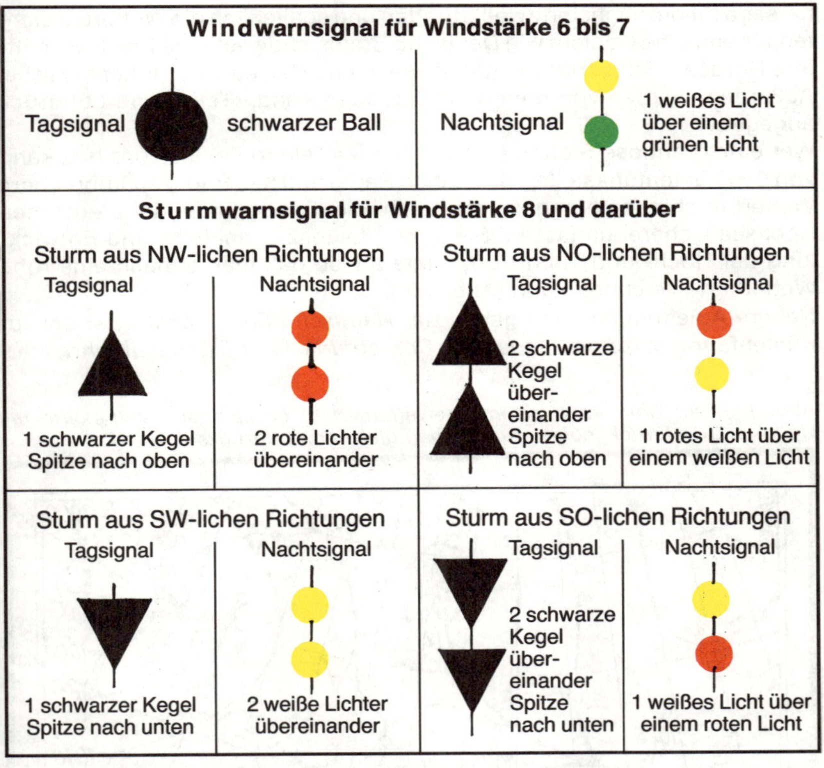

Folgende Zusatzsignale zeigen den Drehsinn des Windes an:

hersage für die nächsten zwölf Stunden und schließlich die Wetteraussichten für einzelne Gebiete wie Deutsche Bucht, südwestliche Nordsee, mittlere Nordsee, Skagerrak, Kattegat, westliche Ostsee und mittlere Ostsee. Außerdem werden von mehreren Stationen Wind, Wetter und Luftdruck angegeben.

Wer eine drahtlose Station (Telefonie oder Telegrafie) an Bord hat, kann von den Küstenfunkstellen Norddeich Radio und Kiel Radio ausführlichere Wetterberichte empfangen, die auch die Fanggründe der deutschen Hochseefischerei umfassen. Sie geben Lage, Zugrichtung und Entwicklung der Hoch- und Tiefdruckgebiete an, so daß man danach eine rohe Wetterkarte zeichnen kann (Abb. 106).

Nähere Anleitungen dazu geben der *Nautische Funkdienst* bzw. der für Küstenfahrer zusammengestellte *Sprechfunk für Küstenschiffahrt,* her-

Abb. 106 An Bord nach einem Seewetterbericht gezeichnete Wetterkarte mit Hoch- und Tiefdruckgebieten und Linien gleichen Luftdrucks

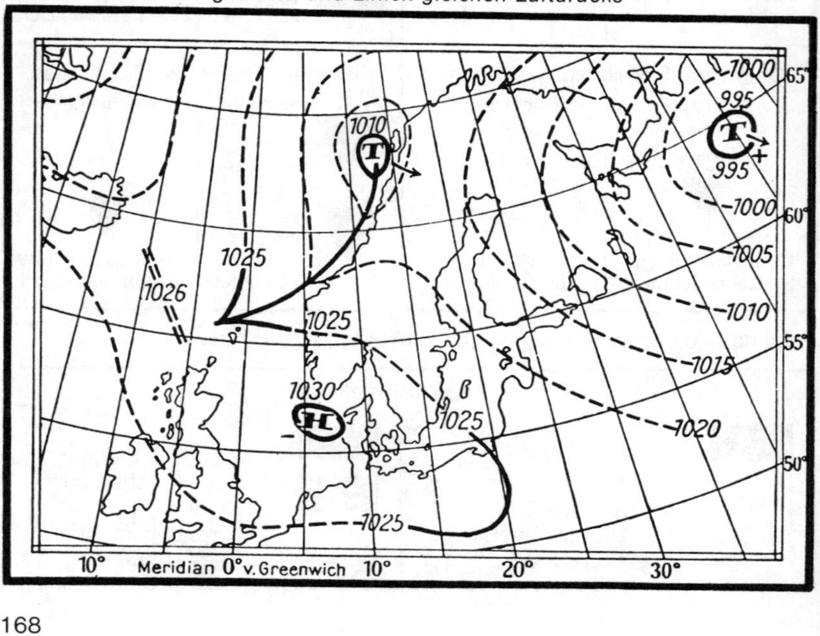

ausgegeben vom Deutschen Hydrographischen Institut, und die Lehrbücher über Wetterkunde.
Das Seewetteramt gibt von Montag bis Freitag eine gedruckte Wetterkarte heraus, die man vor der Reise einsehen sollte. Außerdem erteilen die Wetterwarten Wetterberatung.
Alle notwendigen Angaben enthält im übrigen der *Jachtfunkdienst,* der jährlich eigens für die Sportschiffahrt erscheint.

Wetterregeln

Der erfahrene Seemann bildet sich sein Urteil über das zu erwartende Wetter darüber hinaus aus der Beobachtung von Anzeichen wie Wolken, Sichtigkeit, Tau und Nebel selbst. Hier ein paar bewährte Wetterregeln:

W o l k e n
Flache, niedrige, vereinzelte Haufenwolken am blauen Himmel bedeuten gutes Wetter.
Stark aufquellende Haufenwolkentürme bedeuten Gewitter und Böen.
Hohe Federwolken, die schnell aus West aufziehen, künden Nahen von Sturm und Regen („Windwolken", Windstreifen). Je schneller diese Windwolken aufziehen, desto schneller tritt der Wetterumschlag ein. Zunächst erfolgt Senkung und Vergrößerung der Wolken bis zum Einsetzen des Regens. Wolken in mehreren Schichten bedeuten Wetterverschlechterung, zumindest Fortdauer der veränderlichen Witterung.

W i n d
Änderung der Windrichtung, nachdem der Wind tagelang aus derselben Richtung wehte, bedeutet Änderung des Wetters. Wind aus südwestlicher Richtung bedeutet schlechtes Wetter. Nimmt der Wind von Morgen bis Mittag zu und flaut dann gegen Abend ab, so ist schönes, beständiges Wetter.
Nimmt der Wind gegen Abend zu, so sind Sturm und Niederschlag zu erwarten.
Regelmäßiges Auftreten von Land- und Seewind an der Küste bedeutet gutes Wetter. Störung dieser Erscheinung läßt Änderung zu schlechtem Wetter erwarten.

Sicht

Ungewöhnlich klare Luft bedeutet Gefahr eines Wetterumschlages, Regen.
Morgennebel, die durch die steigende Sonne verschluckt werden, bedeuten gutes Wetter.
Wenn Morgennebel nicht weicht, ist regnerisches Wetter zu erwarten.

Tau

Starker Tau nach heißen Tagen bedeutet: schönes Wetter.
Fehlen des Taus nach heißen Tagen bedeutet: Regen in Sicht.
Nebel, der sich als Tau niederschlägt, bedeutet gutes Wetter.

Andere Erscheinungen

Starkes Flimmern und Funkeln der Sterne verheißen schlechtes, stürmisches Wetter.
Ringe oder Hof um die Sonne bedeuten Regen.
Ringe oder Hof um den Mond bedeuten Regen.
Starkes Abendrot bedeutet gutes Wetter.
Starkes Morgenrot verheißt schlechtes Wetter.
„Wasserziehen" der Sonne bedeutet schlechtes Wetter.
Schwefelgelbgrünliche Sonnenuntergänge bedeuten schlechtes Wetter.

Barometer

Hoher Luftdruck bringt meist schönes, beständiges Wetter.
Steigender Luftdruck bringt schönes Wetter.
Niedriger Luftdruck bedeutet schlechtes Wetter.
Fallender Luftdruck bringt Wetterverschlechterung.
Je schneller der Luftdruck fällt, desto schneller ist das schlechte Wetter da.
Wenn nach südwestlichen Winden bei niedrigem Luftdruck der Luftdruck plötzlich steigt, schießt der Wind heftig nach NW aus, damit verbunden Sichtverbesserung, Abkühlung, starke Böen, eventuell mit Hagel und Regen. Nach dem Ausschießen Aufklaren und sehr gute Sicht.

Dünung

Heranrollende Dünung beachten! Sie kündet von Stürmen in den Meeresteilen, aus denen sie kommt.

V. Von den Gezeiten

Der Schiffsführer in der Nordsee muß noch die Gezeiten kennen, das Heben und Senken des Meerespiegels in regelmäßigem Takt, und die Gezeitenströme, die diese Erscheinung hervorrufen. Der höchste Wasserstand, der dabei auftritt, wird *Hochwasser* genannt, der niedrigste *Niedrigwasser.* Das Steigen des Wassers von Niedrigwasser auf Hochwasser wird mit *Flut* bezeichnet, das Fallen von Hochwasser auf Niedrigwasser *Ebbe.* Der Betrag, um den der Wasserspiegel steigt und fällt, ist der *Tidenhub.* Ebbe und Flut zusammen sind eine *Tide.*

Die Entstehung dieser Gezeitenerscheinungen bewirkt die Anziehungskraft zwischen Mond und Erde und zwischen Sonne und Erde, zusammen mit den Fliehkräften, die bei der Drehung des Mondes um die Erde auftreten.

Da der Mond der Erde viel näher ist als die Sonne, überwiegt die Wirkung des Mondes. Das leicht bewegliche Wasser der Erde folgt diesen Kräften und staut sich an bestimmten Stellen zu Hochwasser, während an anderen Stellen Niedrigwasser entsteht. Das ist nur auf großen Wasserflächen, den großen Weltmeeren, möglich. Wo Buchten, Meeresarme usw. die Bewegung hindern, ablenken, verzögern, werden die Erscheinungen recht undurchsichtig.

Daß sie mit dem Mond zusammenhängen, bestätigt die Tatsache, daß zwischen zwei Hochwassern im Mittel 12 1/2 Stunden liegen, zwischen Niedrigwasser und Hochwasser im Mittel 6 1/4 Stunden. Das sind die Bruchteile eines *Mond*tages, der Dauer eines Umlaufes des Mondes, der 24 Stunden und 50 Minuten dauert.

Wenn die gezeitenbildende Wirkung des Mondes und der Sonne zusammenwirken, entstehen besonders hohe Hochwasser und besonders niedrige Niedrigwasser. Das ist der Fall, wenn sich Erde, Mond und Sonne in einer Linie befinden, das heißt bei Vollmond und Neumond. Wir sprechen dann von *Springtiden,* es entstehen Springhochwasser und Springniedrigwasser.

Steht aber der Mond im ersten und letzten Viertel, dann entstehen besonders schwache Gezeiten, die als *Nipptiden* bezeichnet werden.

Spring- und Nipptiden treten in der Deutschen Bucht erst etwa drei Tage nach den entsprechenden Mond*phasen* auf. Wir sprechen in diesem Fall von einer *Springverspätung.*

Das Eintreten von Hoch- und Niedrigwasser sowie die Höhe des Wasserstandes bei jeder Tide sind vorauszuberechnen. Die Daten werden in *Gezeitentafeln* zusammengestellt, die jährlich vom Deutschen Hydrographischen Institut herausgegeben werden, ebenso wie die kleinere Ausgabe *Hoch- und Niedrigwasserzeiten für die Deutsche Bucht und deren Flußgebiete.*

Die Gezeitentafeln enthalten für eine Anzahl von sogenannten *Bezugsorten* für jeden Tag des Jahres Zeit und Höhe der eintretenden Hoch- und Niedrigwasser.

Für die anderen Plätze, die *Anschlußorte,* sind nur bestimmte Werte darüber angegeben, wieviel früher oder später dort Hochwasser eintritt als im Bezugsort und wieviel höher das Wasser dort steht als am Bezugsort. Diese Größen nennt man *Gezeitenunterschiede.*

Im Teil I der Gezeitentafeln finden wir ausführliche Angaben über die Bezugsorte wie Bremen, Bremerhaven, Brunsbüttel, Cuxhaven, Emden, Hamburg, Helgoland, Wilhelmshaven usw. Wir brauchen außerdem Teil II mit den Anschlußorten. In Teil III sind eine Reihe von Tafeln abgedruckt, von denen die Tafeln 2 (Angenäherter Höhenunterschied gegen die Niedrigwasserhöhe) und 3a (Mondphasen) für uns wichtig sind. Nützlich ist auch das Namenverzeichnis.

An einigen Beispielen lernen wir rasch den Umgang mit diesen Tafeln.

● Beispiel 1

Wann ist am 1. Mai 1979 Hoch- und wann Niedrigwasser in Bremerhaven? Wir finden in Teil I bei Bremerhaven bzw. in Abb. 107 für den 1. Mai folgendes:

1. Hochwasser	04.31	Höhe des Wasserstandes	3,7 m
1. Niedrigwasser	10.53	Höhe des Wasserstandes	–0,1 m
2. Hochwasser	16.37	Höhe des Wasserstandes	3,8 m
2. Niedrigwasser	23.13	Höhe des Wasserstandes	–0,2 m

Die Zeiten beziehen sich auf mitteleuropäische Zeit, abgekürzt MEZ, die Wasserstandsangaben auf Kartennull, den Wasserstand, der in den deutschen Seekarten als Null-Wasserstand angenommen wird und auf den

Bremerhaven (Doppelschleuse) 1979

Breite: 53° 32′ N, Länge: 8° 35′ E.

Mai

	Zeit h m	Höhe m		Zeit h m	Höhe m
1	0431	3.7	16	0412	3.7
	1053	-0.1		1037	-0.2
Di	1637	3.8	Mi	1624	3.8
	2313	-0.2		2304	-0.3
2	0510	3.5	17	0457	3.6
	1122	0.0		1115	-0.2
Mi	1713	3.7	Do	1709	3.7
	2344	-0.1		2346	-0.2
3	0549	3.4	18	0546	3.5
	1153	0.1		1158	0.0
Do	1752	3.6	Fr	1758	3.7
4	0018	0.1	19	0036	-0.1
	0633	3.3		0643	3.4
Fr	1231	0.2	Sa	1252	0.1
	1842	3.5		1858	3.7
5	0105	0.2	20	0138	-0.1
	0729	3.2		0751	3.4
Sa	1326	0.3	So	1400	0.2
	1947	3.4		2010	3.7
6	0210	0.2	21	0252	-0.1
	0841	3.2		0906	3.4
So	1440	0.3	Mo	1518	0.2
	2103	3.4		2126	3.7
7	0329	0.2	22	0410	-0.1
	0956	3.2		1019	3.5
Mo	1601	0.2	Di	1636	0.1
	2216	3.5		2234	3.8
8	0444	0.0	23	0518	-0.2
	1059	3.4		1121	3.6
Di	1711	0.1	Mi	1744	0.0
	2314	3.6		2333	3.8
9	0543	-0.1	24	0616	-0.2
	1148	3.5		1214	3.7
Mi	1807	0.0	Do	1844	-0.1
10	0000	3.6	25	0027	3.8
	0632	-0.2		0710	-0.2
Do	1231	3.6	Fr	1304	3.8
	1856	-0.1		1940	-0.1
11	0043	3.7	26	0120	3.9
	0717	-0.2		0802	-0.2
Fr	1312	3.7	Sa	1350	3.9
	1942	-0.2		2029	-0.2
12	0125	3.7	27	0208	3.9
	0800	-0.3		0847	-0.2
Sa	1350	3.7	So	1429	3.9
	2023	-0.2		2108	-0.2
13	0205	3.8	28	0250	3.8
	0839	-0.3		0923	-0.1
So	1426	3.8	Mo	1502	3.9
	2102	-0.3		2142	-0.2
14	0245	3.8	29	0329	3.8
	0918	-0.2		0956	-0.1
Mo	1504	3.8	Di	1535	3.9
	2143	-0.3		2218	-0.1
15	0328	3.7	30	0407	3.7
	0957	-0.2		1028	0.0
Di	1543	3.8	Mi	1610	3.9
	2224	-0.3		2253	-0.1
			31	0445	3.6
				1100	0.0
			Do	1647	3.9
				2326	0.0

Juni

	Zeit h m	Höhe m		Zeit h m	Höhe m
1	0523	3.5	16	0543	3.6
	1132	0.1		1200	0.0
Fr	1725	3.8	Sa	1752	3.9
	2359	0.1			
2	0603	3.4	17	0041	-0.1
	1208	0.2		0639	3.5
Sa	1807	3.7	So	1254	0.1
				1850	3.9
3	0038	0.1	18	0138	0.0
	0649	3.4		0739	3.5
So	1251	0.3	Mo	1354	0.2
	1859	3.6		1953	3.9
4	0127	0.2	19	0239	0.0
	0745	3.3		0842	3.5
Mo	1347	0.3	Di	1459	0.2
	2001	3.5		2100	3.8
5	0228	0.1	20	0343	0.0
	0851	3.3		0947	3.5
Di	1456	0.3	Mi	1608	0.1
	2110	3.5		2208	3.8
6	0338	0.1	21	0449	0.0
	0957	3.4		1050	3.6
Mi	1609	0.2	Do	1717	0.1
	2217	3.6		2311	3.8
7	0446	0.0	22	0550	0.0
	1056	3.5		1147	3.7
Do	1716	0.1	Fr	1821	0.0
	2315	3.7			
8	0546	-0.1	23	0009	3.8
	1148	3.6		0647	0.0
Fr	1816	0.0	Sa	1240	3.8
				1919	0.0
9	0007	3.7	24	0103	3.8
	0641	-0.1		0740	0.0
Sa	1236	3.7	So	1326	3.9
	1909	-0.1		2009	0.0
10	0055	3.8	25	0150	3.8
	0730	-0.2		0825	0.0
So	1319	3.8	Mo	1406	4.0
	1956	-0.2		2049	-0.1
11	0140	3.8	26	0231	3.8
	0815	-0.2		0902	0.0
Mo	1401	3.9	Di	1440	4.0
	2041	-0.2		2124	-0.1
12	0226	3.8	27	0309	3.8
	0900	-0.2		0936	0.0
Di	1444	3.9	Mi	1514	4.0
	2129	-0.2		2200	0.0
13	0315	3.8	28	0346	3.7
	0947	-0.2		1010	0.0
Mi	1528	4.0	Do	1549	4.0
	2216	-0.3		2235	0.0
14	0404	3.8	29	0421	3.7
	1032	-0.2		1041	0.1
Do	1612	4.0	Fr	1623	4.0
	2301	-0.3		2308	0.0
15	0452	3.7	30	0456	3.6
	1114	-0.1		1112	0.1
Fr	1659	3.9	Sa	1659	3.9
	2348	-0.2		2340	0.1

Juli

	Zeit h m	Höhe m		Zeit h m	Höhe m
1	0534	3.5	16	0032	-0.1
	1146	0.2		0622	3.6
So	1738	3.8	Mo	1243	0.1
				1833	4.0
2	0014	0.1	17	0122	0.0
	0613	3.5		0714	3.6
Mo	1223	0.2	Di	1335	0.1
	1819	3.7		1929	3.9
3	0052	0.1	18	0211	0.1
	0657	3.4		0808	3.6
Di	1305	0.3	Mi	1430	0.2
	1908	3.6		2030	3.8
4	0137	0.1	19	0306	0.2
	0750	3.3		0910	3.5
Mi	1359	0.3	Do	1534	0.2
	2009	3.6		2140	3.7
5	0236	0.2	20	0413	0.2
	0855	3.4		1019	3.6
Do	1508	0.3	Fr	1648	0.2
	2118	3.6		2252	3.7
6	0347	0.1	21	0526	0.2
	1002	3.5		1126	3.7
Fr	1624	0.2	Sa	1802	0.1
	2228	3.6		2358	3.7
7	0500	0.1	22	0630	0.1
	1105	3.6		1223	3.8
Sa	1735	0.1	So	1904	0.0
	2332	3.7			
8	0606	0.0	23	0052	3.7
	1202	3.7		0723	0.1
So	1838	0.0	Mo	1310	3.9
				1953	0.0
9	0029	3.8	24	0136	3.7
	0705	-0.1		0806	0.0
Mo	1252	3.9	Di	1348	3.9
	1935	-0.1		2033	0.0
10	0121	3.8	25	0214	3.8
	0759	-0.1		0844	0.0
Di	1340	4.0	Mi	1423	4.0
	2027	-0.1		2109	0.0
11	0212	3.9	26	0250	3.8
	0850	-0.1		0920	0.0
Mi	1427	4.0	Do	1456	4.0
	2120	-0.2		2143	0.0
12	0304	3.9	27	0324	3.7
	0941	-0.1		0952	0.0
Do	1514	4.1	Fr	1529	4.0
	2211	-0.2		2215	0.0
13	0355	3.8	28	0357	3.7
	1028	-0.1		1022	0.0
Fr	1601	4.1	Sa	1601	4.0
	2258	-0.3		2246	0.0
14	0444	3.7	29	0429	3.6
	1111	-0.1		1051	0.1
Sa	1648	4.1	So	1635	3.9
	2344	-0.2		2318	0.1
15	0532	3.6	30	0505	3.6
	1154	0.0		1125	0.1
So	1739	4.0	Mo	1712	3.8
				2352	0.1
			31	0542	3.5
				1200	0.2
			Di	1749	3.7

August

	Zeit h m	Höhe m		Zeit h m	Höhe m
1	0024	0.1	16	0132	0.2
	0617	3.5		0729	3.5
Mi	1233	0.2	Do	1353	0.2
	1827	3.7		1958	3.6
2	0056	0.2	17	0221	0.3
	0659	3.4		0830	3.5
Do	1313	0.3	Fr	1455	0.3
	1917	3.6		2110	3.5
3	0141	0.3	18	0332	0.4
	0757	3.4		0946	3.5
Fr	1413	0.4	Sa	1616	0.3
	2025	3.5		2233	3.5
4	0251	0.3	19	0457	0.3
	0910	3.4		1105	3.6
Sa	1534	0.3	So	1741	0.2
	2145	3.6		2347	3.5
5	0415	0.2	20	0613	0.2
	1026	3.5		1210	3.7
So	1658	0.2	Mo	1850	0.1
	2303	3.6			
6	0537	0.1	21	0042	3.6
	1134	3.7		0708	0.1
Mo	1815	0.0	Di	1255	3.8
				1938	0.0
7	0011	3.7	22	0122	3.6
	0647	0.0		0748	0.1
Di	1232	3.8	Mi	1330	3.9
	1920	-0.1		2014	0.0
8	0109	3.8	23	0155	3.7
	0747	0.0		0824	0.0
Mi	1323	4.0	Do	1403	3.9
	2018	-0.1		2048	0.0
9	0202	3.9	24	0228	3.7
	0842	-0.1		0859	0.0
Do	1412	4.1	Fr	1436	3.9
	2110	-0.2		2121	0.0
10	0253	3.8	25	0301	3.7
	0932	-0.1		0932	0.0
Fr	1500	4.1	Sa	1508	3.9
	2200	-0.2		2152	0.0
11	0343	3.8	26	0332	3.7
	1019	-0.2		1001	0.0
Sa	1547	4.1	So	1539	3.9
	2247	-0.3		2222	0.0
12	0429	3.7	27	0403	3.7
	1100	-0.2		1030	0.0
So	1633	4.1	Mo	1612	3.8
	2330	-0.2		2254	0.1
13	0513	3.7	28	0437	3.6
	1140	-0.1		1104	0.1
Mo	1721	4.0	Di	1647	3.8
				2327	0.1
14	0012	-0.1	29	0512	3.6
	0557	3.6		1138	0.1
Di	1222	0.0	Mi	1722	3.7
	1811	3.9		2356	0.2
15	0053	0.0	30	0543	3.5
	0641	3.6		1206	0.2
Mi	1305	0.1	Do	1755	3.6
	1901	3.7			
			31	0020	0.2
				0617	3.5
			Fr	1237	0.3
				1838	3.5

M G Z + 01^h 00^m (M E Z)

Abb. 107 Vorausberechnung der Hoch- und Niedrigwasserzeiten für den Bezugsort Bremerhaven

sich auch die Tiefenangaben in der Seekarte beziehen. Kartennull ist der Wasserstand bei mittlerem Springniedrigwasser (siehe Seite 46).
Wir sehen an diesem Beispiel, daß es zwei Hochwasser und zwei Niedrigwasser an einem Tag gibt. Die Zeit des Fallens von Hochwasser (HW) auf Niedrigwasser (NW) beträgt 6 std 22 min. Dann steigt der Wasserspiegel in 5 std 44 min auf HW, danach fällt er wieder in 6 std 36 min auf NW. Die Zeitdauer des Steigens ist also kürzer als die des Fallens. Das erklärt sich daraus, daß Bremerhaven an einer Flußmündung liegt. Das auflaufende Wasser muß gegen das abströmende Flußwasser ankommen, das es hemmt. Bei Ebbe aber läuft das eingedrungene Flutwasser mit dem Wasser des Flusses ab.
Auch sonst werden wir immer wieder Abweichungen von dem Mittelwert 6 std 15 min finden, die durch die Geländeform bedingt sind.

● Beispiel 2
Wann ist am 5. Mai 1979 vor Elsfleth Hoch- und Niedrigwasser?
Wie hoch steht dort dann das Wasser?
Aus dem Namenverzeichnis geht hervor, daß Elsfleth unter der Nummer 744 in Teil II zu finden ist. Dort sehen wir dann, daß Bremerhaven der Bezugsort von Elsfleth ist und daß der an den Werten für Bremerhaven anzubringende Gezeitenunterschied wie folgt lautet (Abb. 108):

bei HW: + 01.06
bei NW: + 01.25

Das bedeutet, daß das Hochwasser bei Elsfleth 1 std 6 min später eintritt als in Bremerhaven, das Niedrigwasser 1 std 25 min später.
Wir müssen also zunächst die HW- und NW-Zeiten für den Bezugsort Bremerhaven aufschlagen und an diesen Zeiten die Gezeitenunterschiede für Elsfleth anbringen. Auf diese Weise erhalten wir für den 5. Mai 1979 folgende Zeiten:

1. NW in Bremerhaven	01.05
Gezeitenunterschied	+ 01.25
1. NW in Elsfleth	02.30
1. HW in Bremerhaven	07.29
Gezeitenunterschied	+ 01.06
1. HW in Elsfleth	08.35

2. NW in Bremerhaven	13.26
Gezeitenunterschied	+ 01.25
2. NW in Elsfleth	14.51
2. HW in Bremerhaven	19.47
Gezeitenunterschied	+ 01.06
2. HW in Elsfleth	20.53

Nr.	Ort	Geogr. Lage: Breite	Länge	HW	NW	Mittlere Höhen des Bezugsortes			
		° ′	° ′	h m	h m	m	m	m	m
	Bezugsort:					SpHW	NpHW	SpNW	NpNW
	BREMERHAVEN (Seite 34-36)					3.8	3.4	-0.2	0.3
				Zeitunterschiede		**Höhenunterschiede**			
	M G Z + 01h00m								
		N	E						
	Wesergebiet								
734	Alte - Weser - Leuchtturm	53 52	8 08	-01 24	-01 16	-0.6	-0.6	+0.2	+0.2
	Robinsbalje								
735	Dorumer - Tief, Dorumer Siel	53 44	8 31	-00 58	-	-0.3	-0.3	-	-
736	Hohe - Weg - Leuchtturm	53 43	8 15	-00 57	-	-0.3	-0.3	-	-
	Fedderwarder Priel								
738	Fedderwardersiel	53 36	8 21	-00 23	-00 32	-0.1	-0.1	+0.1	+0.1
740	Bremerhaven, Kaiserschleuse	53 34	8 34	-00 05	-00 07	0.0	0.0	0.0	0.0
741	Nordenham	53 30	8 30	+00 17	+00 17	0.0	0.0	0.0	0.0
743	Brake, Schleuse	53 20	8 29	+00 51	+01 04	0.0	0.0	-0.2	-0.3
	Hunte								
744	Elsfleth	53 15	8 28	+01 06	+01 25	-0.1	-0.1	-0.1	-0.3
745	Huntebrück	53 12	8 27	+01 22	+02 02	-0.4	-0.4	0.0	-0.3
746	Hollersiel	53 10	8 23	+01 59	+02 40	-1.1	-1.0	+0.1	-0.4
747	Reithörne	53 10	8 19	+02 16	+02 58	-1.2	-1.1	+0.1	-0.4
748	Oldenburg, Drielake	53 08	8 13	+02 29	+03 28	-1.1	-1.0	+0.1	-0.4
						SpHW	NpHW	SpNW	NpNW
	BREMEN (Seite 37-39)					3.7	3.2	-0.3	-0.2
749	Farge	53 12	8 31	-00 33	-00 51	-0.2	-0.1	0.0	+0.1
750	Vegesack	53 10	8 38	-00 12	-00 24	-0.2	-0.1	0.0	0.0
	Bremen								
751	Große Weserbrücke	53 05	8 47	+00 07	+00 21	+0.1	0.0	-0.1	-0.1
752	Weserwehr	53 04	8 52	+00 11	+00 30	+0.1	+0.1	0.0	0.0
						SpHW	NpHW	SpNW	NpNW
	WILHELMSHAVEN (Seite 41-43)					4.2	3.7	0.0	0.6
	Jadegebiet								
755	Jadeplate	53 50	7 59	-01 12	-00 50	-1.0	-1.0	0.0	-0.2
756	Wangerooge Ost	53 46	7 58	-00 59	-00 30	-0.9	-0.8	0.0	-0.1
757	Mittelbalje	53 45	7 56	-01 04	-00 38	-1.0	-0.9	0.0	-0.1
759	Minsener Oog, Buhne C	53 45	8 02	-00 59	-00 24	-0.8	-0.7	0.0	0.0
760	Mellumplate, Leuchtturm	53 46	8 06	-00 48	-00 20	-0.8	-0.8	0.0	-0.1
761	Schillighörn	53 42	8 03	-00 37	-00 15	-0.7	-0.7	0.0	-0.1
762	Alte Mellum	53 43	8 08	-00 34	-00 14	-0.8	-0.8	0.0	-0.2
763	Wangersiel	53 41	8 02	-00 40	-00 26	-	-	-	-
765	Hooksiel	53 39	8 05	-00 26	-00 16	-0.6	-0.6	-	-
768	Sengwarder Balje	53 36	8 11	-00 14	-00 04	-0.4	-0.5	0.0	-0.1
770	Wilhelmshaven, Neuer Vorhafen	53 32	8 10	-00 03	-00 01	-0.1	-0.1	0.0	0.0
771	Eckwarderhörn	53 31	8 14	+00 03	+00 09	-0.1	-0.2	0.0	0.0
772	Mariensiel	53 30	8 04	+00 05	+00 10	-	-	-	-
773	Arngast - Leuchtturm	53 29	8 11	+00 02	-	-	-	-	-
774	Schweiburger Tief	53 27	8 16	+00 08	+00 08	0.0	0.0	0.0	0.0
775	Dangast	53 27	8 07	+00 02	-	-	-	-	-
776	Vareler Binnentief	53 25	8 12	+00 09	+00 14	-	-	-	-
						SpHW	NpHW	SpNW	NpNW
	NORDERNEY (Seite 44-46)					2.7	2.4	0.0	0.4

Abb. 108 Gezeitenunterschiede für die Anschlußorte

Tafel 3a

Mondphasen 1979. MGZ

		d h m		d h m		d h m		d h m
Erstes Viertel	Januar	5 11 15	April	4 09 57	Juli	2 15 24	September	29 04 20
Vollmond		13 07 09		12 13 15		9 19 59	Oktober	5 19 35
Letztes Viertel		21 11 23		19 18 30		16 10 59		12 21 24
Neumond		28 06 20		26 13 15		24 01 41		21 02 23
Erstes Viertel	Februar	4 00 36	Mai	4 04 25	August	1 05 57		28 13 06
Vollmond		12 02 39		12 02 01		8 03 21	November	4 05 47
Letztes Viertel		20 01 17		18 23 57		14 19 02		11 16 24
Neumond		26 16 45		26 00 00		22 17 11		19 18 04
Erstes Viertel	März	5 16 23	Juni	2 22 38		30 18 09		26 21 09
Vollmond		13 21 14		10 11 55	September	6 10 59	Dezember	3 18 08
Letztes Viertel		21 11 22		17 05 01		13 06 15		11 13 59
Neumond		28 03 00		24 11 58		21 09 47		19 08 23
Erstes Viertel	April	4 09 57	Juli	2 15 24		29 04 20		26 05 11

Abb. 109 Tafel 3a „Mondphasen" aus den Gezeitentafeln

Wollen wir die Höhe des Wasserstandes für Elsfleth haben, müssen wir die Höhenunterschiede, die neben den Gezeitenunterschieden angegeben sind, an die Höhe bei Bremerhaven anfügen. Die Höhenunterschiede sind oft etwas unterschiedlich, je nachdem, ob Spring- oder Nipptide herrscht. Um zu ermitteln, wie hoch das Wasser in Elsfleth am 5. Mai 1979 ist, gehen wir in die Tafel 3a ein (Abb. 109):

Nach dieser Tafel stand der Mond am 4. Mai im ersten Viertel.

An unseren Küsten tritt Spring- bzw. Nippzeit immer erst drei Tage nach der betreffenden Mondphase ein, so daß in diesem Falle am 7. Mai Nipptide ist.

Man teilt die zwischen Spring- und Nippzeit liegende Zeit so ein, daß man noch je zwei Tage vor oder nach dem Zeitpunkt als Spring- oder Nippzeit rechnet. Für die dazwischenliegenden Tage nimmt man mittlere Verhältnisse. Also:

2 Tage vor Springzeit Springzeit 2 Tage nach Springzeit	} rechnen als Springzeit.

Die nächsten 3 Tage rechnen als mittlere Verhältnisse.

2 Tage vor Nippzeit Nippzeit 2 Tage nach Nippzeit	} rechnen als Nippzeit.

So ist zum Beispiel am 15. Februar mit Springzeit, am 20. Juni mit Nippzeit, am 19. April mit mittleren Verhältnissen zu rechnen.
Für unseren Fall gilt noch die Nippzeit. Für Nippzeit beträgt der Höhenunterschied für das Elsfleth-Beispiel

für HW – 0,1 m,
für NW – 0,3 m.

Das heißt: Das Wasser steht bei Hochwasser in Elsfleth 10 cm niedriger, bei Niedrigwasser 30 cm niedriger als in Bremerhaven.
Wir erhalten dann folgende Wasserstandsangaben:

Höhe bei 1. HW in Bremerhaven	3,2 m
Höhenunterschied	– 0,1 m
Höhe bei 1. HW in Elsfleth	3,1 m
Höhe bei 1. NW in Bremerhaven	0,2 m
Höhenunterschied	– 0,3 m
Höhe bei 1. NW in Elsfleth	– 0,1 m
und so fort	

Folgendes ist bei derartigen Aufgaben zu beachten:
★ Da 2 HW im Mittel 12 1/2 Stunden auseinanderliegen, kann an einem bestimmten Tag ein HW oder ein NW ausfallen.
★ Wenn wir zur Hochwasserzeit den Zeitunterschied hinzuziehen, kann es passieren, daß wir auf den nächsten Tag kommen oder, wenn wir abziehen müssen, auf den vorangegangenen Tag. Dann muß die Rechnung für das benachbarte HW oder NW wiederholt werden. Das fällt dann auf den richtigen Tag.
★ Findet sich bei einem Anschlußort beim Zeitunterschied für NW ein Minuszeichen, so heißt das nicht, daß der Zeitunterschied gleich Null, sondern daß er nicht bekannt ist. Wir müssen dann das HW bestimmen und die mittlere Falldauer von 6 std 15 min anbringen und so zum Niedrigwasser gelangen.
Ausführliche Beispiele in den Gezeitentafeln liefern weiteren Übungsstoff.
Der Wind kann den Wasserstand sehr stark beeinflussen. Herrschte beispielsweise in der südlichen Nordsee über längere Zeit starker westlicher Wind vor, so staut sich das Wasser an den Küsten der Deutschen Bucht so sehr, daß viel höhere Wasserstände eintreten, als nach den Gezeitentafeln

Abb. 110 Schiff lotet bei HW

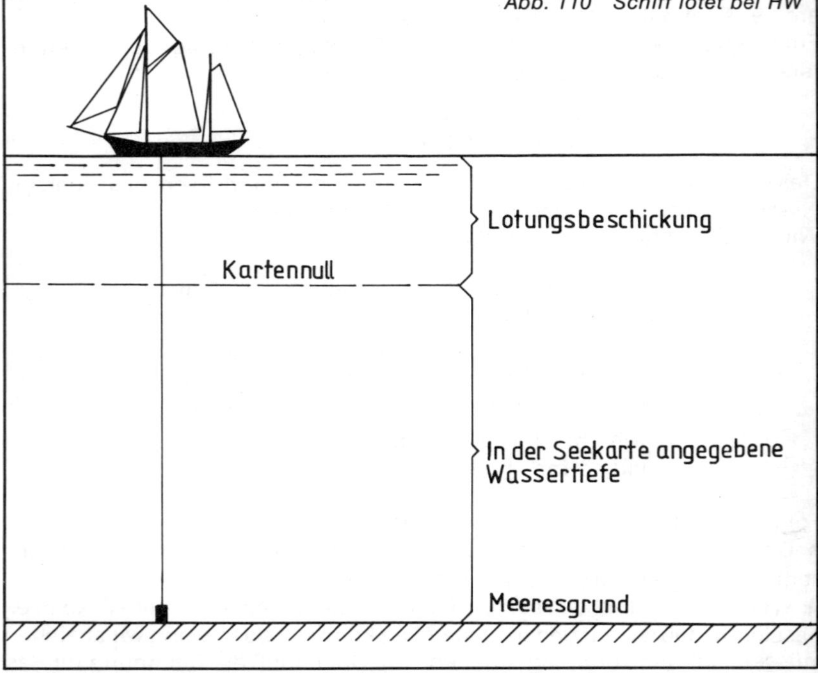

zu erwarten waren (Sturmfluten). Auch eine Änderung des Luftdrucks hat Einfluß auf die Gezeiten.

Die Bedeutung der Gezeiten für die Navigation in der Deutschen Bucht ist mannigfaltig. Sei es, daß Untiefen, die bei HW noch passierbar sind, bei NW fast trockenfallen, sei es, daß Hafeneinfahrten bei NW für größere Schiffe nicht mehr passierbar sind. Dauernd haben wir die Gezeiten jedoch zu berücksichtigen, wenn wir loten. Alle Lotungen müssen auf Kartennull beschickt werden, für das die Tiefenangaben in der Seekarte gelten, wenn aus der Lotung richtig auf den Schiffsort geschlossen werden soll. Nur wenn wir bei NW gelotet haben, können wir die Lotung ohne zu beschicken mit der Kartenangabe vergleichen. Sonst müssen wir einen bestimmten Betrag *abziehen*, den wir jetzt bestimmen wollen (Abb. 110).

Lotungsbeschickung

Für jeden Bezugsort gibt es in den Gezeitentafeln eine *Tidenkurve*, der man entnehmen kann, wie hoch das Wasser zu jeder Stunde vor oder nach dem Hochwasser steht.

● Beispiel 3

Wie hoch ist der Wasserstand in Bremerhaven am 6. Mai 1979 um 20.00 Uhr?

Am 6. Mai ist nach Teil I (Abb. 107) in Bremerhaven abends HW um 21.03 Uhr. Unser Termin 20.00 Uhr liegt also etwa ein Stunde vor HW.

Am 6. Mai ist Nipptide (nach Tafel 3a = Abb. 109 ist am 4. Mai erstes Viertel), die Nipptidenkurve (Abb. 111) zeigt für unseren Termin als Wasserstand 3,2 m über Kartennull. Entsprechend steht das Wasser beispielsweise bei Nipptide 2 Stunden nach HW 2,7 m hoch usw.

Handelt es sich um einen Anschlußort, ist es nicht ganz so einfach. Die Tafel 2 (Abb. 112) liefert uns die Höhe zu jedem beliebigen Zeitpunkt. Wir

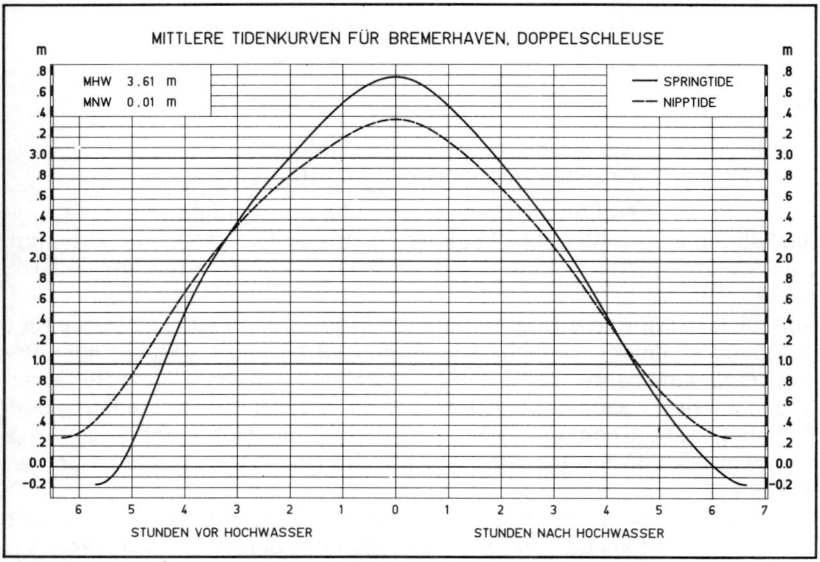

Abb. 111 Für Spring- und Nipptide gelten verschiedene Kurven

müssen aber, um diese Tafel benutzen zu können, zunächst folgende Größen bestimmen:

1. Dauer des Steigens oder Fallens
2. Zeitunterschied gegen das nächstgelegene HW
3. Tidenhub

● Beispiel 4

Man lotet am Alte-Weser-Leuchtturm am 1. Juli 1979 um 06.00 Uhr eine Wassertiefe von 10 m.
Welcher Wert ist mit der Tiefenangabe in der Seekarte zu vergleichen?
Am Bezugsort Bremerhaven ist am 1. Juli HW um 05.34 und NW um 11.46 Uhr.
Der Gezeitenunterschied für den Alte-Weser-Leuchtturm beträgt für HW – 01.24 und für NW – 01.16.
Die Höhenunterschiede sind bei Spring- und Nipptide gleich. Bei HW betragen sie – 0,6 m, bei NW +0,2 m.

Also ist:

HW bei Bremerhaven	05.34	(3,5 m)
Gezeitenunterschied	– 01.24	(–0,6 m)
HW Alte Weser	04.10	(2,9 m)

NW Bremerhaven	11.46	(+ 0,2 m)
Gezeitenunterschied	– 01.16	(+ 0,2 m)
NW Alte Weser	10.30	(+ 0,4 m)

Die Falldauer von HW auf NW beträgt 10.30 – 04.10 = 06.20, der Tidenhub 2,9 – 0,4 = 2,5 m. Die Lotung findet um 06.00 Uhr, also 2 Stunden nach HW statt.
Nun müssen wir in die Tafel 2 eingehen (Abb. 112). In der Spalte, die für 6 Stunden Falldauer vorgesehen ist, gehen wir so weit senkrecht nach unten, bis wir auf unseren Zeitunterschied 2 Stunden treffen. Diese Reihe verfolgen wir nun waagerecht so weit, bis wir in der Rubrik „Tidenstieg oder Tidenfall" auf die senkrechte Spalte 2,0 m treffen. Dort steht die Zahl 1,5, bei 3,0 m 2,3. Für den Tidenfall von 2,5 m müssen wir einschalten und erhalten ~2.
Diese Zahl bedeutet, daß das Wasser zur Zeit der Lotung an unserem Ort 2 m höher steht als bei NW. Wie hoch stand es bei NW? Wir haben 0,4 m ermittelt.

Es steht also jetzt um 06.00 Uhr 0,4 + 2,0 = 2,4 m hoch über Kartennull. Diesen Betrag – aufgerundet auf 2,5 m – haben wir von der Lotung abzuziehen, wenn wir die Lotungsstelle in der Seekarte suchen wollen.

Tafel 2

Angenäherter Höhenunterschied gegen die Niedrigwasserhöhe

Zeitunterschied gegen das nächstliegende Hochwasser bei einer Steig-oder Falldauer von					Tidenstieg oder Tidenfall											
h m 04 00	h m 05 00	h m 06 00	h m 07 00	h m 08 00	m 1.0	m 2.0	m 3.0	m 4.0	m 5.0	m 6.0	m 7.0	m 8.0	m 9.0	m 10.0	m 11.0	m 12.0
h m 00 00	h m 00 00	h m 00 00	h m 00 00	h m 00 00	m 1.0	m 2.0	m 3.0	m 4.0	m 5.0	m 6.0	m 7.0	m 8.0	m 9.0	m 10.0	m 11.0	m 12.0
00 07	00 08	00 10	00 12	00 13	1.0	2.0	3.0	4.0	5.0	6.0	7.0	8.0	9.0	10.0	11.0	12.0
00 13	00 17	00 20	00 23	00 27	1.0	2.0	3.0	4.0	5.0	6.0	6.9	7.9	8.9	9.9	10.9	11.9
00 20	00 25	00 30	00 35	00 40	1.0	2.0	2.9	3.9	4.9	5.9	6.9	7.9	8.8	9.8	10.8	11.8
00 27	00 33	00 40	00 47	00 53	1.0	1.9	2.9	3.9	4.8	5.8	6.8	7.8	8.7	9.7	10.7	11.6
00 33	00 42	00 50	00 58	01 07	1.0	1.9	2.9	3.8	4.8	5.7	6.7	7.6	8.6	9.5	10.5	11.4
00 40	00 50	01 00	01 10	01 20	0.9	1.9	2.8	3.7	4.7	5.6	6.5	7.5	8.4	9.3	10.3	11,2
00 47	00 58	01 10	01 22	01 33	0.9	1.8	2.7	3.6	4.5	5.5	6.4	7.3	8.2	9.1	10.0	10.9
00 53	01 07	01 20	01 33	01 47	0.9	1.8	2.6	3.5	4.4	5.3	6.2	7.1	7.9	8.8	9.7	10.6
01 00	01 15	01 30	01 45	02 00	0.9	1.7	2.6	3.4	4.3	5.1	6.0	6.8	7.7	8.5	9.4	10.2
01 07	01 23	01 40	01 57	02 13	0.8	1.6	2.5	3.3	4.1	4.9	5.7	6.6	7.4	8.2	9.0	9.9
01 13	01 32	01 50	02 08	02 27	0.8	1.6	2.4	3.1	3.9	4.7	5.5	6.3	7.1	7.9	8.7	9.4
01 20	01 40	02 00	02 20	02 40	0.8	1.5	2.3	3.0	3.8	4.5	5.3	6.0	6.8	7.5	8.3	9.0
01 27	01 48	02 10	02 32	02 53	0.7	1.4	2.1	2.8	3.6	4.3	5.0	5.7	6.4	7.1	7.8	8.5
01 33	01 57	02 20	02 43	03 07	0.7	1.3	2.0	2.7	3.4	4.0	4.7	5.4	6.0	6.7	7.4	8.1
01 40	02 05	02 30	02 55	03 20	0.6	1.3	1.9	2.5	3.2	3.8	4.4	5.0	5.7	6.3	6.9	7.6
01 47	02 13	02 40	03 07	03 33	0.6	1.2	1.8	2.3	2.9	3.5	4.1	4.7	5.3	5.9	6.5	7.0
01 53	02 22	02 50	03 18	03 47	0.5	1.1	1.6	2.2	2.7	3.3	3.8	4.3	4.9	5.4	6.0	6.5
02 00	02 30	03 00	03 30	04 00	0.5	1.0	1.5	2.0	2.5	3.0	3.5	4.0	4.5	5.0	5.5	6.0
02 07	02 38	03 10	03 42	04 13	0.5	0.9	1.4	1.8	2.3	2.7	3.2	3.7	4.1	4.6	5.0	5.5
02 13	02 47	03 20	03 53	04 27	0.4	0.8	1.2	1.7	2.1	2.5	2.9	3.3	3.7	4.1	4.5	5.0
02 20	02 55	03 30	04 05	04 40	0.4	0.7	1.1	1.5	1.9	2.2	2.6	3.0	3.3	3.7	4.1	4.4
02 27	03 03	03 40	04 17	04 53	0.3	0.7	1.0	1.3	1.6	2.0	2.3	2.6	3.0	3.3	3.6	3.9
02 33	03 12	03 50	04 28	05 07	0.3	0.6	0.9	1.2	1.4	1.7	2.0	2.3	2.6	2.9	3.2	3.5
02 40	03 20	04 00	04 40	05 20	0.3	0.5	0.8	1.0	1.3	1.5	1.8	2.0	2.3	2.5	2.8	3.0
02 47	03 28	04 10	04 52	05 33	0.2	0.4	0.6	0.9	1.1	1.3	1.5	1.7	1.9	2.1	2.3	2.6
02 53	03 37	04 20	05 03	05 47	0.2	0.4	0.5	0.7	0.9	1.1	1.3	1.4	1.6	1.8	2.0	2.1
03 00	03 45	04 30	05 15	06 00	0.1	0.3	0.4	0.6	0.7	0.9	1.0	1.2	1.3	1.5	1.6	1.8
03 07	03 53	04 40	05 27	06 13	0.1	0.2	0.4	0.5	0.6	0.7	0.8	0.9	1.1	1.2	1.3	1.4
03 13	04 02	04 50	05 38	06 27	0.1	0.2	0.3	0.4	0.5	0.5	0.6	0.7	0.8	0.9	1.0	1.1
03 20	04 10	05 00	05 50	06 40	0.1	0.1	0.2	0.3	0.3	0.4	0.5	0.5	0.6	0.7	0.7	0.8
03 27	04 18	05 10	06 02	06 53	0.0	0.1	0.1	0.2	0.2	0.3	0.3	0.4	0.4	0.5	0.5	0.6
03 33	04 27	05 20	06 13	07 07	0.0	0.1	0.1	0.1	0.2	0.2	0.2	0.2	0.3	0.3	0.3	0.4
03 40	04 35	05 30	06 25	07 20	0.0	0.0	0.1	0.1	0.1	0.1	0.1	0.1	0.2	0.2	0.2	0.2
03 47	04 43	05 40	06 37	07 33	0.0	0.0	0.0	0.0	0.0	0.0	0.1	0.1	0.1	0.1	0.1	0.1
03 53	04 52	05 50	06 48	07 47	0.0	0.0	0.0	0.0	0.0	0.0	0.0	0.0	0.0	0.0	0.0	0.0
h m 04 00	h m 05 00	h m 06 00	h m 07 00	h m 08 00	m 0.0	m 0.0	m 0.0	m 0.0	m 0.0	m 0.0	m 0.0	m 0.0	m 0.0	m 0.0	m 0.0	m 0.0

Abb. 112 Tafel für Lotungsbeschickungen

Wir stehen an einer Stelle, wo in der Karte eine Wassertiefe von 7,5 m ver zeichnet ist.
Einen Anhalt gibt folgende Regel:

2 Stunden vor oder nach HW ist der Wasserspiegel etwa gefallen um 1/4 des Tidenhubs.
3 Stunden vor oder nach HW ist der Wasserspiegel etwa gefallen um 1/2 des Tidenhubs.
4 Stunden vor oder nach HW ist der Wasserspiegel etwa gefallen um 3/4 des Tidenhubs.

In unserem letzten Beispiel betrug der Tidenhub 2,5 m. Zwei Stunden nach HW ist der Wasserspiegel um 1/4 davon, also um 0,6 m gefallen, beträg also 2,9 – 0,6 = 2,3 m. Wir erhalten fast denselben Wert, den wir aus der Tafel 2 entnommen hatten.

● Übungsaufgaben
Für die Lösung dieser Übungsaufgaben können die Auszüge aus den Gezeitentafeln herangezogen werden – siehe Abb. 107 bis 109 sowie 11 und 112.
1. Wann ist Hoch- und wann Niedrigwasser in Bremerhaven am 17. Ma 1979?
2. Wann ist Hoch- und wann Niedrigwasser in Brake (Schleuse) am 2 August 1979? Wasserstände?
3. Wie hoch steht das Wasser in Bremerhaven am 5. August 1979 um 09.30 Uhr?
4. Man lotet am 1. Juni 1979 um 07.45 Uhr bei Nordenham eine Wassertiefe von 8 m. Welcher Wert ist mit der Tiefenangabe in der Seekarte vergleichbar?

Gezeitenströme

Ebbe und Flut sind mit einem Hin- und Herströmen des Wassers verbunden, den *Gezeitenströmen.*
Wir unterscheiden das Heranströmen des Wassers, den *Flutstrom* (auflaufendes Wasser), und das Ablaufen des Wassers, das die Ebbe bringt, den *Ebbstrom.*
Zwischen diesen beiden tritt *Stillwasser* ein, ein Zustand der Stromlosigkeit, der mehr oder weniger lange andauern kann. Den Wechsel von Flut-

und Ebbstrom nennt man *Kentern* des Stroms. Da man durch diese Gezeitenströme erheblich versetzt werden kann, ist ihre Kenntnis von großer Wichtigkeit.
Für die Nordsee, den Kanal und die Britischen Gewässer sind sie daher vorausberechnet und im *Atlas der Gezeitenströme* zusammengestellt, der vom Deutschen Hydrographischen Institut herausgegeben wird. Er besteht aus zwei Teilen: Gezeitenstromatlas und Gezeitentabellen.
Aus der ausführlichen Einleitung ist ersichtlich, wie die Stromangaben gewonnen werden können.

Gezeitenanzeiger

Gezeitenanzeiger sind die Wasserstandsanzeiger, die zum Beispiel auf der Weser in Bremerhaven, Vegesack und Oslebshausen den Wasserstand anzeigen. Auskunft über diese Einrichtungen erteilt das Leuchtfeuerverzeichnis im „Verzeichnis der Signalstellen".

VI. Anhang

Wie erwerbe ich die Führerscheine BR für Revierfahrt und BK für Küstenfahrt des Deutschen Segler-Verbandes?

Der Führerschein Revierfahrt (BR) gilt auf allen Gewässern bis zur 3-Seemeilen-Grenze, soweit sie von Seeschiffen befahren werden.
Der Führerschein Küstenfahrt (BK) gilt innerhalb der Gewässer der Ostsee, der Gewässer zwischen Nord- und Ostsee, der Nordsee bis 61° nördlicher Breite (Linie Sognefjord – Shetlandinseln) einschließlich der englischen Ostküste und des Kanals bis zur Linie Lizard Point/Isle d'Ouessant, im Mittelmeer sowie außerhalb dieser Grenzen in allen Küstengewässern innerhalb eines 12-Seemeilen-Bereichs.
Prüfungen für den Erwerb dieser Führerscheine werden von Prüfungsausschüssen bzw. -kommissionen abgehalten, die vom Deutschen Segler-Verband dazu autorisiert sind.
Für die Zulassung zur Prüfung müssen folgende Bedingungen erfüllt sein:
1. Mindestalter: Die Erteilung des Führerscheins BR setzt das vollendete 16., die des BK-Scheins das vollendete 18. Lebensjahr voraus.
2. Tauglichkeit: Ausreichende Sehschärfe sowie ausreichendes Farbunterscheidungs- und Hörvermögen sind durch ein ärztliches Zeugnis (Vordruck) nachzuweisen.
Die Sehschärfe gilt als ausreichend, wenn sie mit oder ohne Augengläser mindestens auf einem Auge 0,7 und auf dem anderen 0,5 beträgt. Die addierte Sehschärfe beider Augen muß jedoch ohne Augengläser mindestens 0,15 ergeben, und es muß auf dem schlechteren Auge ausreichendes Orientierungsvermögen vorhanden sein.
Das Hörvermögen ist ausreichend, wenn Sprache gewöhnlicher Lautstärke in 3 m Entfernung mit jedem Ohr einzeln verstanden wird und in 5 m mit beiden Ohren zugleich.
3. Kenntnisse in Erster Hilfe.
4. Erfahrungsnachweis: Ausreichende Erfahrung zum Erwerb des BR-Scheins besitzt, wer wenigstens ein Jahr Inhaber des A- bzw. A1-Scheins der Binnenschiffahrt und mindestens 300 Seemeilen außerhalb der Binnenfahrt gesegelt ist. Der Bewerber um den BK-Schein muß mindestens zwei Jahre den BR-Schein besitzen und weitere 1000 Seemeilen außerhalb des Bereichs der Binnenfahrt gesegelt sein.

Die Prüfung besteht aus einem schriftlichen und mündlichen sowie aus einem praktischen Teil. Prüfungsfächer sind Seemannschaft, Navigation, Rechtskunde und Wetterkunde. Was im einzelnen geprüft wird, geht aus der *Führerscheinvorschrift* hervor, die beim Deutschen Segler-Verband in Hamburg erhältlich ist.

Wie mache ich die Sportseeschiffer-Prüfung?

Sportseeschiffer-Prüfungen werden an den nautischen Fachschulen und Fachhochschulen (Seefahrtschulen) abgehalten. Die Meldung ist an den Rektor unter Beifügung der notwendigen Papiere zu richten. Prüfungen werden nach Bedarf angesetzt.
Wer die Sportseeschiffer-Prüfung ablegen will, hat nachzuweisen,
1. daß er das 18. Lebensjahr vollendet hat (Geburtsurkunde),
2. daß er genügend seesportliche praktische Erfahrung besitzt (Führerschein des Deutschen Segler-Verbandes, mindestens A-Schein für Binnenfahrt, oder amtlicher Sportbootführerschein),
3. daß Seh- und Farbunterscheidungsvermögen ausreichend sind (Führerschein gilt als Nachweis).

Lehrgänge zur Vorbereitung auf diese Prüfung finden nicht an allen Seefahrthochschulen statt. Die Rektoren können geeignete Ausbilder nennen.
Die Prüfungsfächer der Sportseeschiffer-Prüfung sind im einzelnen:

Nautik

In diesem Fach werden verlangt: Übung im Gebrauch der Seekarte mit besonderer Berücksichtigung der Sportseeschiffahrt. Kenntnis der Betonnung und Befeuerung. Kenntnis des Kompasses und seiner Verwendung, Ablenkung, Mißweisung und Steuertafel, Beschickung für Strom und Wind. Bestimmung der Ablenkung nach terrestrischen Beobachtungen. Gebrauch der Steuertafel. Verwandlung der Kurse. Bestimmung des Schiffsortes nach terrestrischen Standlinien. Bestimmung der Zeit des Hoch- und Niedrigwassers nach Gezeitentafeln. Gezeitenströme. Bestimmung der Wassertiefe und der Fahrt des Schiffes nach den bei den Sportseeschiffern üblichen Methoden. Aneroid-Barometer, Thermometer, Wetterkarte, Sturmwarnungen. Grundbegriffe der Funknavigation, Consol.
In der schriftlichen Prüfung erhält der Prüfling eine Kartenaufgabe und eine Gezeitenaufgabe. In der praktischen Prüfung muß er nachweisen, daß er mit Kompaß, Barometer und Thermometer umgehen kann. Außerdem wird er mündlich über die genannten Prüfungsgegenstände geprüft.

Seemannschaft

Es wird nur mündlich geprüft über Yachttypen, Takelung, bauliche Einrichtung und Instandhaltung der Yachten, Schiffsrisse, Schiffsmanöver, Setzen und Bergen der Segel, Manövrieren der Yachten, Ankern, Schleppen und Geschlepptwerden, Sicherheits- und Rettungswesen, Unfallverhütungsvorschriften der See-Berufsgenossenschaft, Raketenapparat, Verhalten bei Unfällen, Notsignale.

Gesetzeskunde

Seestraßenordnung, Seeschiffahrtstraßen-Ordnung. Verhalten nach einem Zusammenstoß. Seeamt und Seemannsamt. Schiffszertifikat und Schiffsmeßbrief. Das Wichtigste über Havarie, Strandungsordnung, Berge- und Hilfslohn. Zollabfertigung.
Der Prüfling wird schriftlich geprüft hinsichtlich der Vorschriften der Seestraßenordnung und der Seeschiffahrtstraßen-Ordnung. Außerdem ist eine mündliche Prüfung vorgesehen.

Wie mache ich die Küstenschiffer-Prüfung?

Die Küstenschifferprüfung mußte bisher abgelegt werden, wenn man das Befähigungszeugnis AKü als Seeschiffer auf Küstenfahrt oder das Befähigungszeugnis BKü als Seeschiffer in der Küstenfischerei erwerben wollte. Das Befähigungszeugnis AKü wird nach den neuen Ausbildungsvorschriften nicht mehr ausgestellt, es entfällt also für diese Bewerber auch die Prüfung.
Wer das Befähigungszeugnis BKü erwerben will, wende sich an eine Seefahrtschule. Die Meldung ist an die für den Ort der Seefahrtschule zuständige Wasser- und Schiffahrtsdirektion unter Beifügung der notwendigen Papiere zu richten. Prüfungen werden nach Bedarf angesetzt.
Der Bewerber muß nachweisen:
1. daß er das 21. Lebensjahr vollendet hat (Geburtsurkunde),
2. daß er die deutsche Staatsangehörigkeit besitzt (Geburtsurkunde),
3. daß er seediensttauglich ist, insbesondere genügendes Hör-, Seh- und Farbunterscheidungsvermögen besitzt (Attest eines Vertrauensarztes der See-Berufsgenossenschaft, nicht älter als zwei Jahre),
4. daß er eine Seefahrtzeit von 48 Monaten im Decksdienst, davon mindestens zwölf Monate auf Fahrzeugen der Seefischerei erworben hat oder daß er den Matrosenbrief (einschließlich Nachweis der Ausbildung zum Feuerschutz- und Rettungsbootsmann) erworben und zwölf Monate auf

Fahrzeugen der Seefischerei fuhr. Seefahrtzeit als Matrose auf ladungfahrenden Schiffen kann dabei bis zu drei Monaten angerechnet werden,
5. daß er das Allgemeine Sprechfunkzeugnis besitzt.

Die Prüfungsfächer im einzelnen:

Nautik

In diesem Fach werden verlangt: Übung im Gebrauch der Seekarte mit besonderer Berücksichtigung der Küstenschiffahrt. Kenntnis der Betonnung und Befeuerung. Kenntnis des Kompasses und seiner Verwendung, Mißweisung, Ablenkung, Steuertafel. Bestimmung der Zeit des Hoch- und Niedrigwassers nach Gezeitentafeln.
In einer schriftlichen Prüfung erhält der Prüfling eine Kartenaufgabe, in der praktischen Prüfung muß er zeigen, daß er mit Kompaß, Thermometer und Barometer umzugehen weiß. Außerdem wird er mündlich geprüft.

Gesetzeskunde

In diesem Fach wird nur mündlich geprüft, und zwar über Seestraßenordnung, Seeschiffahrtstraßen-Ordnung, Verhalten nach einem Zusammenstoß, Tagebuchführung, das Wichtigste über das Seemannsgesetz sowie über das Seeamt, Unfallanzeigen, Schiffs- und Ladepapiere, Havarie, Berge- und Hilfslohn.

Seemannschaft

Es wird mündlich geprüft über Schiffsmanöver, Übernehmen, Stauen und Löschen der Ladung, Verhalten bei Schiffsunfällen, Rettungsmaßnahmen, Notsignale, Unfallverhütungsvorschiften der See-Berufsgenossenschaft, Instandhaltung der Schiffe, Sturmwarnungen.

Deutsche Sprache

Verlangt wird die Fähigkeit, sich schriftlich und mündlich verständlich auszudrücken. In der Prüfung muß ein kleiner Geschäftsaufsatz aus der Berufstätigkeit geschrieben werden.

Rechnen

Der Prüfling muß das bürgerliche Rechnen beherrschen und bekommt eine schriftliche Rechenaufgabe aus der Berufstätigkeit vorgelegt.

Was kann ein Seeschiffer der Küstenfischerei mit seinem Befähigungszeugnis B Kü anfangen?

Der Seeschiffer in der Küstenfischerei darf Fischereifahrzeuge bis zu einem Raumgehalt von 37 BRT in der Küstenfischerei führen.
Küstenfischerei ist die Fischerei, die auf Fangreisen in Küstennähe von Küstenplätzen der Bundesrepublik Deutschland oder der Nachbarländer aus mit Fahrzeugen von nicht mehr als 37 Bruttoregistertonnen betrieben wird.

Wie erwerbe ich den amtlichen Sportbootführerschein?

Den amtlichen Sportbootführerschein braucht jeder, der auf den deutschen Seeschiffahrtstraßen ein Sportboot führen will, dessen (Hilfs-)Motor an der Propellerwelle mehr als 3,68 kW (5 PS) abgibt. Das gilt für alle Motorsportfahrzeuge und Segelfahrzeuge, ohne Rücksicht darauf, ob der Motor in Betrieb ist oder nicht. Segelfahrzeuge ohne Hilfsmotor oder mit einem Hilfsmotor von 3,68 kW oder weniger Dauerleistung sind also von dieser Führerscheinpflicht befreit.
Das Zeugnis über die Prüfung zum Sporthochseeschiffer berechtigt zur Ausstellung des amtlichen Sportbootführerscheins; Inhaber des Sportseeschifferzeugnisses müssen jedoch vorher eine praktische Prüfung ablegen.

Für die Zulassung zur Prüfung müssen folgende Bedingungen erfüllt sein:
1. Mindestalter: Die Fahrerlaubnis kann jeder erhalten, der das 16. Lebensjahr vollendet hat. Wer jünger als 18 Jahre ist, benötigt die schriftliche Zustimmung des gesetzlichen Vertreters.
2. Tauglichkeit: Ausreichende Sehschärfe sowie ausreichendes Farbunterscheidungs- und Hörvermögen sind durch ein ärztliches Zeugnis (Vordruck) nachzuweisen.
3. Dem Antrag auf Zulassung zur Prüfung muß außerdem ein Führungszeugnis beigefügt werden bzw. eine Erklärung, daß die Erteilung eines Führungszeugnisses beantragt worden ist.
Mit der Abnahme der Prüfung hat der Bundesminister für Verkehr den Deutschen Motoryachtverband (DMYV) und den Deutschen Segler-Verband (DSV) gemeinsam beauftragt. Zu diesem Zweck haben die Verbände Prüfungsausschüsse für den amtlichen Sportbootführerschein gebildet. Die Prüfung besteht aus einem theoretischen und einem praktischen Teil. Nähere Einzelheiten erfährt man beim Koordinierungsausschuß des DMYV und des DSV in Hamburg.

Den *amtlichen Motorbootführerschein A für Binnenfahrt* braucht jeder, der auf den Binnenschiffahrtstraßen des Bundes ein Sportboot von weniger als 15 t Wasserverdrängung führen will, das mit Motorantrieb ausgerüstet ist und dessen Leistung mehr als 3,68 kW (5 PS) beträgt.

Lösungen der Übungsaufgaben

Seite 96	1.	93°	4.	328°			
	2.	123°	5.	359°			
	3.	256°	6.	205°			
Seite 98	1.	354°	4.	25°			
	2.	96°	5.	167°			
	3.	234°	6.	202°			
Seite 100	1.	151°	3.	91°			
	2.	237°	4.	1°			
			5.	7°			
Seite 103	1.	133°	12°	181°	34°		
Seite 104	2.	281°	2°	351°	197°		

Den Lösungen der Kartenaufgaben liegt die Mißweisung für das Jahr 1980 zugrunde. Andere Mißweisung, andere Lösungen!

Seite 112	1.	54°9′N 7°25′O
	2.	54°10,5′N 6°49′O
	3.	53°50,5′N 7°2,5′O
	4.	53°43,5′N 5°16′O
	5.	53°35,5′N 2°16′O
	6.	53°38,5′N 5°25′O
	7.	53°53,5′N 3°20′O
	8.	252° 6 sm
	9.	Kompaßkurs 117° 18,5 sm
	10.	54°25′N 5°28′O
Seite 117	1.	rechtweisende Peilung = 356°
	2.	rechtweisende Peilung von A = 210°, von B = 177°
	3.	rechtweisende Peilung von A = 2°, von B = 222°
Seite 119	1.	rechtweisende Peilung = 18°
	2.	rechtweisende Peilung = 51°
	3.	rechtweisende Peilung = 191°
Seite 127	1.	53°51′N 8°48′O, 2 sm entfernt
	2.	53°49,5′N 7°54′O
	3.	53°35,5′N 5°54,5′O Abstände 13, 11 sm
	4.	Amrum 54°40,5′N 8°9,5′O

Seite 128	5.	54°5,5′N 8°11,5′O
	6.	59°59,5′N 08°02′O
Seite 130	1.	53°48′N 7°6′O Abstand bei der 2. Peilung 4 sm
	2.	53°50′N 7°54′O Abstand bei der 2. Peilung 8,5 sm
	3.	53°14,5′N 4°43′O bei der 1. Peilung 53°10′N 4°34′O bei der 2. Peilung
	4.	52°58′N 4°20,5′O Abstand 4 sm, Lotung 25 m
	5.	52°33′N 4°20′O Abstand bei der 2. Peilung 5 sm
Seite 131	6.	52°16′N 4°21′O
Seite 133	1.	54°57,5′N 8°17′O
	2.	55°31,5′N 8°3,4′O Abstand 2 sm
	3.	53°50,5′N 8°3,8′O Abstand 1 sm
	4.	53°37,5′N 8°28,5′O
	5.	53°58,5′N 8°29′O Abstand, 3,5 sm
Seite 134	1.	54°13′N 7°26′O
	2.	54°0,5′N 7°29′O
	3.	53°45′N 7°9′O
Seite 135	1.	53°40′N 6°28′O
Seite 136	2.	54°56′N 8°15′O
Seite 138		55°9′N 8°10′O
Seite 150	1.	Kurs und Fahrt über Grund 204° 8 kn
	2.	Kurs und Fahrt über Grund 122° 4 kn
Seite 152	1.	Kurs durch das Wasser rw 104° Distanz über Grund 26 sm, Fahrt über Grund 3 kn, Dauer der Segelung 8 std 40 min
	2.	zu steuernder Kompaßkurs 135°, Dauer der Segelung 4 std 4 min
	3.	Kurs und Distanz über Grund 140°, 11,5 sm am Kompaß müssen anliegen 119°, voraussichtliche Ankunftszeit 11.30 Uhr
Seite 182	1.	HW 04,57 (3,6 m) NW 11.15 (–0,2 m) 17.09 (3,7 m) 23.46 (–0.2 m)
	2.	NW 02.00 (–0,1 m) HW 07.50 (3,4 m) 14.17 (0,0 m) 20.08 (3,6 m)
	3.	3,2 m
	4.	Lotungsbeschickung 3 m. Zu vergleichende Wassertiefe 5 m.

Alphabetisches Sachverzeichnis

Seite

abgestumpfte Doppelpeilung ... 131
Ablenkung ... 92
Abstandsbestimmung ... 119
Alhidade ... 37
Aneroid-Barometer ... 161
Anschlußort ... 172
Äquator ... 41

Barometer ... 161
Beaufort ... 164
Befeuerung ... 72
Beschickung wegen Wind und Strom ... 100
Besteckversetzung ... 113
Betonnungssystem „A" ... 61
Bezugsort ... 172
Blendglas ... 37
Blink ... 74
Blinkfeuer ... 75
Blitz ... 74
Blitzfeuer ... 75
Breite ... 85
Breitenkreis ... 41

Celsius ... 161
Consol ... 139

Deckpeilung ... 153
Distanz ... 24
Doppelpeilung ... 128
Doppelwinkelmessung ... 136

Ebbe ... 171
Ebbstrom ... 182
Echograph ... 34
Echolot ... 34
Elektrolog ... 29
Erdmagnetismus ... 88

Faden ... 25
Fahrt ... 25
Fahrt durch das Wasser ... 148
Fahrt über Grund ... 148
Fahrttabelle ... 32

Seite

Fahrwasserbefeuerung ... 77
Fahrwasserbetonnung ... 66
Fehlweisung ... 97
Festfeuer ... 75
Feuerschiff ... 62
Fischereikarte ... 40
Flüssigkeitskompaß ... 15
Flut ... 171
Flutstrom ... 182
Führerscheine des DSV ... 184
Funkbeschickung ... 143
Funkelfeuer ... 75
Funkfeuer ... 141
Funkpeiler ... 142
Funkstandlinie ... 141
Fuß ... 25

Gefahrenlinien ... 136
Gezeiten ... 171
Gezeitenanzeiger ... 183
Gezeitenstrom ... 182
Gezeitenstromatlas ... 183
Gezeitentafel ... 59
Gezeitenunterschied ... 172
Gleichtaktfeuer ... 75
Grundbezeichnungen ... 46
Grundprobe ... 33

Hafenplan ... 40
Handbuch ... 59
Handlog ... 25
Handlot ... 32
Hoch ... 164
Hochwasser ... 171
Höhenwinkel ... 121
Horinzontalwinkel ... 125
Hütchen ... 12
Hydrographisches Institut ... 46

Induktion ... 15

Jachtfunkdienst ... 142

	Seite
Kabellänge	25
kardanische Aufhängung	11
Kartennull	46
Kartenzirkel	59
Kennung	74
Kentern des Stroms	183
Kimm, Feuer in der	119
Knoten	25
Kompaß	11
Kompaßhaube	22
Kompaßhaus	22
Kompaßkurs	91
Kompaßpeilung	115
Kompaßrose	13
Kompensieren	154
Kreuzpeilung	126
Kurs	85
Kurs absetzen	108
Kurs verwandeln	92
Kursdreieck	60
Küstenansicht	62
Küstenkarte	39
Küstenschiffer-Prüfung	186
Länge	85
Leitfeuer	78
Leuchtfeuer	72
Leuchtfeuerverzeichnis	58
Log	24
Lot	32
Lotspeise	33
Lotungsbeschickung	179
Luftdruck	163
Magnet	13
Merkzeiger	163
Meridian	41
Mercatorkarte	44
Millibar	162
Mischfeuer	76
mißweisender Kurs	91
Mißweisung	88
Mittelgrund	68
Mittellot	32
Mittelwasser	46
Morsefeuer	76

	Seite
Nachrichten für Seefahrer	57
Nachthaus	22
Nebelsignal	138
Niedrigwasser	171
Nipptide	171
Nordpol	41
Nullmeridian	41
Oberfeuer	79
Ortsbestimmung	114
Ortsmißweisung	87
Ozeankarte	39
Parallellineal	59
Patentlog	28
Peilaufsatz	115
Peilkompaß	21
Peilscheibe	117
Peilstock	32
Peilung	114
Plattkarte	44
Pinne	13
Prüfungsbestimmungen	184
Quermarkenfeuer	79
rechtweisender Kurs	91
Reihenlotung	137
Relingslog	26
Reservekompaß	159
Richtfeuer	79
Ringmagnet	16
Rosenteilung	23
Schein	74
schnelles Funkelfeuer	76
Schwimmkompaß	15
Seebuch	58
Seehandbuch	59
Seekarte	37
Seekartenberichtigungs-institut	57
Seemeile	24
Seezeichen	62
Seitenpeilung	117
Seewetteramt	166
Sextant	34

Seite

Sichtweite 72
Sportbootführerschein 188
Sportseeschiffer-Prüfung 185
Springtide 171
Springverspätung 172
Standlinie 123
Steuerkompaß 21
Steuerstrich 15
Steuertafel 92
Stillwasser 182
Stromdreieck 149
Stromversetzung 148
Sturmwarnung 164

Temperatur 161
Thermometer 161
Thomson-Lot 34
Tidenhub 171
Tidenkurve 179
Tief 164
Tieflot 32
Tiefwasserweg 71
Toppzeichen 64
Torfeuer 81
Tragweite 72
Trockenbarometer 161
Trockenkompaß 12

Seite

Übersegler 39
Übersichtskarte 29
Uferbefeuerung 80
Umdrehungszahlen 31
unbewachtes Feuer 77
unterbrochenes Feuer 75
Unterfeuer 79

Verkehrstrennungsgebiet 71
Vierstrichpeilung 132
viertelkreisige Rosenteilung 23
Vollkreisrose 22
Vorhalten 102

wahrer Kurs 101
Wetterberichte 166
Wetterkarten 166
Wetterregeln 169
Wiederkehr 74
Windanzeiger 164
Windstärke 164
Winkelmeßinstrument 34
Winterbetonnung 57

Zoll 25

DM 16.80

Funk-beschickungstafel

Seiten-peilung	Funkbe-schickung
°	°
0	+ 1
10	+ 6
20	+ 10
30	+ 12,5
40	+ 13,5
50	+ 13
60	+ 11,5
70	+ 9
80	+ 6
90	+ 2,5
100	− 1
110	− 4
120	− 7
130	− 9
140	− 9,5
150	− 9
160	− 7
170	− 3
180	+ 1
190	+ 5
200	+ 9
210	+ 11
220	+ 11,5
230	+ 11
240	+ 9
250	+ 6
260	+ 3
270	− 0,5
280	− 4
290	− 7
300	− 9,5
310	− 11
320	− 11,5
330	− 10,5
340	− 8
350	− 4
360	+ 1

Steuertafel 1

Kompaß-Kurs	Ablenkung	Mißw. Kurs	Ablenkung
°	°	°	°
0	− 2	**0**	− 2
10	+ 1	10	+ 1
20	+ 3	20	+ 3
30	+ 5	30	+ 5
40	+ 7	40	+ 6
50	+ 8	50	+ 7
60	+ 9	60	+ 8
70	+ 10	70	+ 9
80	+ 10	80	+ 10
90	+ 10	**90**	+ 10
100	+ 9	100	+ 10
110	+ 8	110	+ 9
120	+ 7	120	+ 8
130	+ 6	130	+ 7
140	+ 6	140	+ 6
150	+ 5	150	+ 5
160	+ 4	160	+ 5
170	+ 3	170	+ 3
180	+ 2	**180**	+ 2
190	+ 2	190	+ 2
200	+ 1	200	+ 1
210	− 1	210	− 1
220	− 2	220	− 2
230	− 3	230	− 3
240	− 4	240	− 4
250	− 5	250	− 6
260	− 6	260	− 7
270	− 8	**270**	− 9
280	− 9	280	− 10
290	− 9	290	− 10
300	− 10	300	− 10
310	− 10	310	− 9
320	− 9	320	− 8
330	− 8	330	− 7
340	− 6	340	− 5
350	− 4	350	− 3
360	− 2	**360**	− 2